MW01172566

Conecta con tu pasión antes de emprender

MENSAJE DE

BIENVENIDA

Irulú C. Labarca L.

®2023, Irulú Carolina Labarca León

Primera Edición: febrero 2023

Impresión: Amazon

9 798389 403895

Hola, me presento. Mi nombre es Irulú Labarca. A los veintidós años abrí mi primer negocio. Por dieciocho años, fui docente universitaria de dos cátedras electivas de emprendimiento, que tuve la fortuna de fundar. Siendo profesora universitaria, me gradué como magíster en Ingeniería Industrial en la Universidad del Táchira, Venezuela, y como doctora en Cooperación y Desarrollo en la Universidad de Málaga, España. En este lapso de tiempo, llevé a cabo varias actividades comerciales informales e hice alguna que otra inversión inmobiliaria. En 2016, decidí migrar a Colombia como empresaria, razón por la que compré la franquicia máster para Colombia (responsable de la venta y el soporte a franquiciados en todo el país) de una academia de idiomas española. Simultáneamente, seguía ejerciendo como CEO de un emprendimiento de consultas *online* de psicología (una empresa que iniciamos mi hermana y yo antes de mudarme a Colombia). Ya en Colombia, invertí como accionista en dos empresas más que, lamentablemente, no tuvieron éxito. Hoy en día continúo como franquiciada de WikiUp para Colombia y Ecuador y, hace un par de años, comenzamos una empresa que vende productos de belleza a través de Amazon USA. También soy presidente de una ONG de apoyo a emprendedores venezolanos en Medellín (Emprecolven). En este punto puedo decirte que el camino como empresaria migrante no ha sido fácil. He tenido varias caídas, pero me he levantado y, lo más importante, he aprendido mucho de mis errores. Gracias a ellos, actualmente tengo mucho que compartir contigo, producto de mis aprendizajes y de todas las experiencias vividas. Este libro nace de haber entendido que, si inicio un negocio por el que no siento verdadera pasión y lo hago solo por la necesidad de generar un ingreso, las posibilidades de éxito se reducen considerablemente, ya que emprender es una actividad altamente retadora que va a requerir de todo el compromiso, esfuerzo, energía positiva y perseverancia, los cuales serán difíciles de mantener si no sientes un auténtico entusiasmo por esa actividad empresarial, la cual, por el contrario, debería hacerte levantar cada mañana con una sonrisa en tu rostro. Que logremos esto juntos es mi mayor reto.

Te veo partir
con tu mundo a cuestas,
cargada de ilusiones
para hacer realidad ese proyecto de vida
con el que has tenido que soñar primero
y colgarlo en la cartelera
donde se cuecen tus sueños.

Tu casi diminuta figura,
agigantada por la esperanza
de un tiempo mejor y
un nuevo amanecer,
desaparece poco a poco en la frontera
colombo-venezolana,
rumbo al territorio de tus sueños.

Pesa más
tu mundo interior cargado de ilusiones
que tu ligero equipaje,
¡mi viajera incansable!
Dios va contigo dondequiera que vayas,
alumbrando tu camino, paso a paso,
Y tu ángel custodio te lleva en sus alas
haciendo más fácil tu caminar.

No sé si lo soñé,
pero te veo partir
y se me parte el alma...
Gracias por amarme tanto,
por celebrar la vida a mi lado y
por seguir siendo mi niña gigante,
que todo lo puede cuando de atenderme
y satisfacer mis necesidades se trata.
Feliz viaje, hija mía. Te amo.

Tu madre, Alba I. León de Labarca

DEDICATORIA

A todas las mujeres y los hombres que sueñan en grande, que creen en ellos mismos(as), que no se detienen ante la adversidad, que innovan para mejorar la vida de muchos, que valoran y apoyan a sus colaboradores, que tienen valores éticos y que quieren dejar una huella positiva en el mundo emprendiendo en aquello que les apasiona. A mis emprendedores, a mi tribu, a ti, que me lees. Este libro fue creado siguiendo mi corazón y mi propósito de vida para ti.

AGRADECIMIENTOS

Antes que nada, quiero agradecerle **a Dios** el regalo de la fe y la esperanza, porque sin ellas no podría levantarme por las mañanas, confiando en que estoy en este mundo por una razón y que los obstáculos son solo parte del aprendizaje en el camino hacia el éxito.

A la vida, que ha sido estos últimos años una maestra de mano dura, pero que me ha convertido en una mejor versión de mí misma, lo que me permite escribir y enseñar desde la experiencia de lo vivido.

A mis padres, por todo su amor y dedicación. Porque me enseñaron a creer en mí misma y, aunque a veces fueron extremadamente exigentes, soy quien soy gracias a ellos.

A mi familia, que siempre ha creído en mis proyectos y mis locuras, sin jamás desanimarme. Sobre todo, **a mi hijo** Luis Ferrer Labarca, por apoyarme y siempre hacerme sentir que puedo lograr mis metas.

A mi amigo incondicional Gustavo Parra, siempre dispuesto a leer mis escritos y darme su retroalimentación realista, sincera y certera.

A mi pareja y compañero Álvaro Álvarez de Lugo, por su apoyo en la realización de los vídeos compartidos con ustedes en el contenido multimedia que complementa este libro.

A mis colaboradoras Roxana Calmauta y María Gabriela Parra, que siempre están ahí, para apoyarme incondicionalmente en todos mis proyectos.

A mi madre, quien revisa y corrige cada línea que yo escribo.

A Colombia, mi segunda patria, que me ha recibido con los brazos abiertos y me ha enseñado mucho sobre diseño, desarrollo e implementación de proyectos empresariales. Amo el ecosistema de emprendimiento de Medellín porque, en esta ciudad, he aprendido todo lo que ahora sé.

A mis emprendimientos, que son mis hijos y la razón por la que me levanto cada mañana. A ustedes les entrego mi alma cada día. Gracias por seguir vivos y llenarme de esperanza y alegría de verlos crecer y tomar vida propia.

INDICE

PRÓLOGO

Conecta con tu pasión antes de emprender es una invitación que no podrás rechazar.

Elige ser tú, junto a todo lo tuyo: familia, amigos, proyectos, ideas… tu mundo. Y permite que tu pureza brille, haciéndote consciente de todo lo que ella te ofrece. Y es justamente esto lo que me brinda esta obra.

Irulú Carolina, con quien he cruzado caminos desde el 2005, nos permite, en estas líneas, conocer más de ella y su transitar, disfrutando de la lectura y puesta en práctica de lo que nos regala: un abanico de herramientas para profundizar en nosotros mismos y seguir adelante con ideas guardadas y otras nuevas que van surgiendo a medida que avanzas.

He encontrado en este libro una guía para emprender, desde la conexión con mi Ser interior, de una forma pura, sencilla y muy motivadora. Nada resulta imaginario, todo viene desde las experiencias vividas por la autora, tal como lo expresa en la dedicatoria: «hecho siguiendo mi corazón y mi propósito de vida para ti». Esto me llega profundamente, al saber que SÍ se puede y que, si me planteo metas claras, es totalmente posible lograrlas.

A medida que avances en la lectura, encontrarás testimonios, ejercicios y herramientas y descubrirás cosas que, tal como me ocurrió mí, te sorprenderán, te alegrarán y darán luz a tu camino. Por mencionar alguno, los pétalos de la flor *ikigai*: «El *ikigai* se conforma por un delicado equilibrio entre todas esas partes [...] sirve como una brújula para tomar decisiones en la vida. Tu *ikigai* sintetiza el concepto del propósito...».

No te contaré nada más. Ahora te toca a ti decidir si aceptas esta invitación: comenzar a aprender o continuar aprendiendo. La dicha de hacerlo será tuya y tu gratitud crecerá y te permitirá ayudar a otros.

«La creación es la extensión natural de la pureza perfecta y no puede ser confinada» (Un Curso de Milagros).

Gracias, Irulú Carolina, ¡gracias por ser tú!

Marialcira Rincón Silva

PREÁMBULO

Después de diecisiete años como madre y profesora universitaria en emprendimiento en Venezuela, mi hijo se fue a vivir y estudiar a Estados Unidos. Fue entonces cuando comencé a preguntarme qué quería hacer con mi vida.

Finalmente, decidí que migrar a otro país y comenzar a emprender era lo que deseaba hacer, pues no quería volver a trabajar para nadie más, pero no tenía idea de cómo empezar. Varios años antes había conocido la ciudad de Medellín, en Colombia, y realmente deseaba vivir allí, pero desconocía totalmente el Mercado Paisa y sus necesidades.

Por otro lado, tenía unos ahorros para invertir, pero me urgía comenzar a generar ingresos lo antes posible. Así que no solo me mudé a un país nuevo del que sabía muy poco, sino que invertí en tres empresas a la vez. En dos de ellas no me involucré personalmente y solo entré como inversionista. Tampoco puedo decir que sentía por ellas una verdadera pasión. A esto, se sumaba la necesidad apremiante de generar ingresos y recuperar la estabilidad económica que había tenido en Venezuela antes de migrar.

Como si fuera poco, mi pareja, con la que llevaba siete años de relación, me estafó con mucho dinero —una gran parte, capital de mi familia, producto de la herencia que nuestro padre dejó—.

La quiebra de dos de las empresas en las que invertí la mayoría de mis ahorros y la estafa de la que fui víctima me hicieron colapsar y fui diagnosticada con trastorno de ansiedad. Me levantaba todos los días con una sensación de lucha y de miedo y comencé a sufrir de insomnio.

Tuve que aceptar que necesitaba ayuda médica, lo cual era difícil para mí porque vengo de una familia con historial de depresión y no quería pensar que algo así me podía ocurrir a mí. Finalmente, acepté la medicación y, con ayuda simultánea de terapia psicológica, me fui recuperando. En dos meses ya estaba mucho mejor y me sentía la misma persona optimista de siempre, aunque el tema del sueño no se había solucionado aún. Sin embargo, lo más importante era que mis problemas como empresaria seguían allí.

Quizás la primera reacción de cualquier persona sería pensar que, habiendo perdido tanto dinero, lo que correspondía era buscar un trabajo como docente en una universidad, para lo que tenía amplia experiencia. Pero mi decisión de no volver a trabajar para nadie más y mi deseo de convertirme en una empresaria de éxito prevalecieron, así que decidí entender en qué me había equivocado y seguir adelante.

En el proceso, entendí que la situación de migrar a otro país y de emprender solo por la necesidad de hacer dinero me habían hecho perder el rumbo. Tuve que comenzar a reconstruirme y reinventarme, pero esta vez decidí que sería desde lo que amaba hacer.

Actualmente, sigo en este proceso de autoconocimiento para convertirme día a día en una mejor versión de mí misma: más guiada por mi pasión que por mis miedos. Y justamente de ahí viene la motivación de escribir este libro, de compartir contigo lo que he aprendido para que lo hagas más rápido y mejor de lo que yo lo hice.

La experiencia vivida me ha hecho entender que, si emprendemos solo por necesidad, es muy probable que nuestra empresa no termine bien y que perdamos tiempo y dinero en el proceso. ¿Por qué? Eso es justo de lo que estaré hablándote a través de estas páginas. Así que te invito a continuar leyendo porque muy probablemente puedas evitar los errores que yo cometí y encontrar un camino que no solo te traiga dinero, sino también mucha satisfacción y alegría a tu vida.

INTRODUCCIÓN

El emprendimiento corre por mis venas. Mis dos abuelos fueron empresarios muy respetados en sus respectivos lugares de origen. Ambos tenían supermercados y fueron pioneros en el concepto de autoservicio —antes de eso eran los bodegueros quienes surtían los pedidos de sus clientes y luego realizaban los cobros—. De hecho, gracias a que ambos se dedicaban al mismo oficio, mis padres se conocieron y se casaron.

No obstante, mi padre, uno de seis hijos, fue, como quien dice, la oveja negra de la familia. Un raro espécimen intelectual en una familia de comerciantes hacendados. Siento que mi papá debió lidiar toda la vida con esas dos energías que coexistían dentro de él. Una, con una profunda conciencia social y filosófica y la otra, que lo impulsaba a demostrarse a sí mismo —y a los demás— que pertenecía a su familia, lo cual implicaba ser bueno en los negocios. Esto lo llevó, en repetidas ocasiones, a hacer negocios impulsivamente, en los que él era el inversionista y los demás, ejecutores despreocupados, ya que no ponían nada en riesgo.

Esta conducta repetida llevó a mi padre a perder mucho dinero y a irse desilusionando de la gente. «El problema es la gente», decía con un gran dolor en su corazón, ya que sentía que brindaba oportunidades de salir adelante a muchas personas —al confiar en sus capacidades— y no las aprovechaban. Al respecto, mi mamá siempre repetía que mi papá solo botaba el dinero con los negocios que hacía. Ante mis ojos, él lucía —en aquel entonces— como un perdedor empedernido que parecía no aprender la lección y no dejaba de perder dinero haciendo malos negocios.

No obstante, en mi hogar nunca hubo escasez. Mi papá llegaba con cajas de comida del supermercado de su familia. Sin embargo, cuando le pedíamos dinero para comprar cualquier cosa, nos decía con cierta angustia: «¿Ustedes creen que yo tengo una máquina de hacer dinero?». También siempre nos preguntaba: «¿Realmente necesitas eso?». Esta fue una pregunta que quedó grabada en mi subconsciente por toda la vida y a la cual he tenido que mirar de frente para reconocer su validez para mí hoy en día.

Tengo que confesar que no me ha resultado sencillo desprenderme de ella, tal como les ha ocurrido a mis dos hermanas. Por más de que exista un excedente en la cuenta bancaria, siempre terminábamos recriminándonos si comprábamos algo que no fuese «realmente necesario».

Lo curioso de todo esto es que sí parecía que mi papá tenía una máquina de hacer dinero, porque a veces llegaba a casa con una gran cantidad de billetes en pequeños rollitos y amarrados con una liga que, con seguridad, no había contado bien. Debo aclarar que, si bien mi papá no fue bueno para elegir socios en los negocios, sí supo invertir su dinero en inmuebles, que luego le generaban ingresos pasivos mensualmente, aparte de su sueldo como profesor universitario.

¿Y por qué relato todo esto? Porque, como a todos, nuestro pasado, queramos o no, nos define. Todo lo que vi, escuché y creí sobre el dinero es el punto de partida desde el que he creado la riqueza en mi vida. El nivel de esfuerzo o dificultad, la sensación de carencia o abundancia, el merecimiento para recibir el resultado de esos esfuerzos, todas y cada una de mis creencias sobre la abundancia se gestaron en esos primeros años de mi vida, a partir de lo que vi y viví.

Por eso estoy hoy acá, con el deseo y la disposición de ayudarte a entender cómo aspectos como tus valores, tus fortalezas para emprender y los dones que tienes para entregar al mundo que te hacen único(a) pueden representar la diferencia entre tener éxito o no en el apasionante mundo de los negocios.

Tenemos mucho trabajo por delante, pero de eso se trata este libro, de enseñarte a entrar en lo profundo de ti mismo(a) de una manera sencilla, tanto que ni te darás cuenta de cómo las respuestas fueron llegando a ti. Y para eso te mostraré mi camino de autodescubrimiento y cómo lo he venido recorriendo. Si yo lo hice, tú también serás capaz de hacerlo. Estamos juntos en esto, y es por ello por lo que tengo la certeza de que lo lograrás. ¡Empecemos!

Parte 1:
NO VUELVO A TRABAJAR
PARA OTRO

CAPÍTULO I

MIS ORÍGENES COMO EMPRENDEDORA

Me resulta gracioso y, a la vez, me enternece mirar atrás y preguntarme cómo es que me convertí en emprendedora.

Soy de las que piensan que ser emprendedor no es solo crear una empresa. Existen emprendedores escribiendo, pintando, bailando, haciendo arte... Para mí, todo aquel que tenga un sueño, una pasión, y luche por conseguirlo es un emprendedor.

En mi caso, mi padre fue un gran emprendedor —aunque no fuera el mejor de los empresarios—. Lo recuerdo llegando a casa cansado pero satisfecho por sus esfuerzos y siempre nos decía: «Todo esto lo hago por ustedes, para dejarles algo». Y así lo hizo.

Lo que quizás él no supo es que lo más valioso que nos dejó fue su ejemplo, su espíritu inquebrantable. Era verlo un día derrotado o decepcionado por un *impasse* y, al otro día, de nuevo en pie, dispuesto a seguir adelante. Pienso que ese espíritu guerrero de mi padre fueron mis inicios como emprendedora.

Por otra parte, desde niña, fui muy ahorrativa. Siempre tenía dinero para mis cosas e, incluso, le prestaba a mi hermana, si ella no tenía.

Cuando estaba en la universidad, hacía lazos para el cabello y los vendía. También vendí carteras de cuero o ropa, entre otras muchas cosas.

Una vez graduada de la universidad, decidí hacer mi primer gran emprendimiento. Monté una fábrica de ropa de niños. Mi tía Aura tenía una fábrica de ropa y una tienda de hilos y encajes. Yo disfrutaba acompañándola en mis vacaciones, viendo todas las cosas que ella hacía con las manos y escuchando el sonido de las máquinas de coser, a medida que iban, poco a poco, acelerando hasta detenerse de repente porque habían llegado al final de la costura. Seguían unos segundos de silencio mientras las diestras costureras cortaban el hilo sobrante y ubicaban nuevamente la pieza para volver a poner su pie sobre el pedal y acelerar el ritmo, y así, una y otra vez, interminablemente.

Algo que para otros podrían parecer pasos de un proceso aburrido y repetitivo era música para mis oídos. El proceso de creación estaba presente allí, desde el diseño de un traje, pasando por su confección, los detalles del acabado y del empaque, para finalmente llegar a manos de alguien, quien lo usaría como su vestuario, posiblemente sin preguntarse cómo se había convertido, desde un pedazo de tela e hilos sueltos, en aquello que le permitía salir vestido(a) al mundo y pavonearse orgulloso(a) de su nuevo atuendo.

Para mí, este primer emprendimiento fue mucho más que un negocio. Era la *expresión de mi ser* a través de cada pieza que salía de mi taller. Amaba estar ahí y diseñar cada colección, aun sin haber estudiado diseño de manera profesional.

Algo que no disfrutaba, no obstante, era salir a vender. A pesar de todo, me veía en la necesidad de hacerlo y visitaba las tiendas de ropa de niños con mi muestrario. Normalmente me atendían los mismos dueños. Al ver a una joven de veintitrés años que parecía de dieciocho, se sorprendían de que el negocio fuera mío y siempre estaban dispuestos a hacerme sugerencias muy valiosas sobre qué productos confeccionar que pudiesen venderse fácilmente.

Fue así como saqué algunos productos ganadores y que se posicionaron muy bien en las tiendas. Lamentablemente, debido a mi gran amor por estar en mi taller —mi deseo de vivir cada momento del proceso de producción— y mi reacia actitud hacia las ventas, contraté a un vendedor *con mucha experiencia*, quien, a su vez, era responsable de la venta de otras marcas y para quien consultar la opinión de los clientes sobre mis productos no era una prioridad.

Esto me llevó a desconectarme completamente de las necesidades del mercado y a bajar mis ventas, hasta el punto de no poder afrontar los costos fijos de la empresa.

A esta situación se sumó el hecho de que los márgenes de ganancias eran muy bajos para poder competir con la ropa traída de otras latitudes —como, por ejemplo, China—, aunado a que las tiendas pedían hasta tres meses de crédito y algunas veces, aun con este plazo, no cumplían sus compromisos.

El estrés que toda esa situación me generaba coincidió con la bendición de quedar embarazada. Decidí cerrar la fábrica e irme a la ciudad de San Cristóbal, donde mi tía Aura conocía costureras que trabajaban desde casa, lo cual reduciría enormemente los costos operativos de mi empresa.

De esa manera, procedí e hice mi última entrega, para abandonar posteriormente el negocio que tanto amaba, ya que consideré que, para que fuera verdaderamente rentable, debía contar con tiendas propias que me permitieran saltarme ese eslabón de la cadena: las *boutiques* de ropa infantil, que prácticamente se quedaba con las mayores ganancias de todo mi esfuerzo.

Luego de un parto bastante difícil, decidí dedicarme a mi hijo durante sus primeros meses. Me mudé, junto con mi esposo, a San Cristóbal, donde íbamos a iniciar un nuevo negocio. Cuando mi hijo tenía ocho meses, concursé y entré a trabajar en la Universidad Nacional Experimental del Táchira como profesora.

Estando en la Universidad dando clases de Informática (carrera en la cual me había graduado), me inscribí en un curso de la ONU (Organización de Naciones Unidas) de emprendimiento llamado **Empretec**. Ese curso me cambió la vida. Entendí cuáles eran mis debilidades y mis fortalezas para emprender y comencé a trabajar en robustecer mis competencias como emprendedora. Fue la primera vez que cuestioné mis habilidades para ser empresaria y entendí que, si bien aprendemos muchas de ellas en nuestra infancia, es totalmente posible desarrollar aquellas en las que tenemos menos experiencia.

Esto abrió para mí una ventana de posibilidades que no conocía. Si podía entender a fondo mis fortalezas y mis debilidades, podía trabajar en las segundas. No estaba *condenada* a tropezar una y otra vez con los mismos obstáculos, tal como le había ocurrido a mi papá.

Poco tiempo después, el jefe de mi departamento en la Universidad nos consultó sobre posibles materias electivas para ofrecer en la carrera de Informática, a la que yo pertenecía. Me acerqué y le comenté que yo había hecho el curso de **Empretec** y que podía crear una electiva dirigida a desarrollar competencias emprendedoras en los estudiantes. Me miró un poco desconcertado y estoy convencida de que pensó: «¿Qué tiene que ver el emprendimiento con la informática?». Pero me dio las gracias por el ofrecimiento y siguió con su trabajo.

Unos meses después, casi nadie se había acercado a presentarle posibles electivas y me llamó. Me preguntó: «Irulú, ¿aún estás dispuesta a dictar esa electiva que me comentaste?». Le dije inmediatamente que sí y me dispuse a diseñar un currículum con los conocimientos adquiridos en **Empretec** y, de allí, nació la materia **Formación de Emprendedores**.

Esa electiva se convirtió en mi sueño cumplido de trabajar en lo que amaba. Era realmente feliz dando clases, tanto que el tiempo transcurría sin darme cuenta. Cada semestre hacía cambios para hacer más efectiva la materia y disfrutaba al ver a los alumnos haciendo propuestas de negocios, aun cuando, para la mayoría de ellos, cursar esa electiva no pasaba de ser un requisito para aprobar.

Años después, creé una segunda materia electiva: **Creación de Empresas**, así que reorganicé todo el contenido que quería dictar entre ambas materias y le imprimí a **Formación de Emprendedores** un enfoque de emprendimiento social que le dio un nuevo giro.

Fue una experiencia realmente gratificante. Los chicos organizaban un evento gratuito en el que convocaban conferencistas en un área de interés que ellos mismos elegían. El momento de concreción de ese evento era algo digno de ver. El orgullo se reflejaba en sus caras por haber logrado algo que inicialmente parecía muy difícil. ¡Y lo habían hecho ellos mismos, casi sin mi ayuda!

Por su parte, mis alumnos de **Creación de Empresas** montaban dentro de la Universidad un *stand* con un negocio, al que todos los alumnos de la clase se abocaban, organizados en departamentos, simulando el organigrama de una empresa real. Debían decidir qué producto vender, quién sería su proveedor, si contrataban a alguien para atender el *stand* o si lo atendían entre ellos mismos. Definían en qué horarios funcionaría, llevaban la contabilidad, hacían compras, etcétera. En suma, todo lo que implica un negocio real —con algunas facilidades, como tener un sitio gratuito para operar y el mercado cautivo de una universidad—.

Ambas experiencias, que se repetían semestre a semestre, representaban un reto y un gran aprendizaje para mí. No obstante, paralelamente a mi actividad como profesora universitaria, nunca dejé de emprender.

Compraba y vendía ropa, hacía y vendía bufandas y collares. Incursioné en la venta de bienes raíces durante el *boom* inmobiliario en Panamá. En fin, fui muy inquieta como comerciante e inversionista y la verdad es que no vivía solo del sueldo de profesora, lo que me dio la posibilidad de ahorrar y tener un capital para poder empezar de nuevo cuando decidí mudarme a Colombia.

Lamentablemente, aun teniendo uno de los niveles de ingresos más altos que se pagaban en Venezuela a un profesor universitario con doctorado, mi sueldo no pasaba de 35 USD al mes. Ello era debido a la altísima inflación y pérdida del poder adquisitivo que vivía el país en ese momento. Por otro lado, cada vez era más difícil venderle a alguien mi arte —accesorios para mujer, que diseñaba y elaboraba yo misma— porque la materia prima se hacía más costosa y la gente solo disponía del dinero para comprar lo imprescindible.

Todo ello, además de la partida forzosa de mi hijo de diecisiete años a vivir y estudiar en Estados Unidos —las universidades cada vez recibían menos presupuesto del Gobierno y los paros hacían perder mucho tiempo a los estudiantes—, me llevaron a tomar la decisión de emigrar.

Así que tuve la sensación de que mi patria, Venezuela, como una madre cuando va a dar a luz, me expulsó y me dijo: «Vete, es hora de crecer en otras tierras. Ahora mismo no hay nada para ti acá y, si no te vas, corres el riesgo de perecer de tristeza e inamovilidad», lo cual representaba un riesgo fatal para mi espíritu inquieto y creativo.

Tengo que confesar que el hecho de montar un negocio legalmente constituido y con una estructura de costos fija era algo que me daba temor por la experiencia vivida con mi fábrica de ropa infantil a tan temprana edad, más aún hacerlo en un país diferente al mío. Pero, en realidad, desde lo más profundo de mi ser, sentía que ese era mi camino y así lo hice.

Dar el salto de mudarme sola a otro país implicaba para mí poner en práctica mucho de lo que había aprendido y enseñado a mis alumnos en la universidad. Era el siguiente paso al proceso de convertirme en una empresaria, en todo el sentido de la palabra. Así que no lo dudé y me puse en marcha.

CAPÍTULO II

MIS COMIENZOS EN MEDELLÍN

Años antes de mudarme a Medellín, Colombia, tuve la oportunidad de viajar y conocer esta hermosa ciudad. Y en verdad fue amor a primera vista.

Su abundante vegetación, sus montañas, su gente amable y cordial... Se respiraba progreso y optimismo. Podía caminar tranquila por las calles sin miedo —cosa impensable en ese momento en Venezuela—. Así que pensé: «Si alguna vez debo irme de mi país, quiero vivir en esta ciudad».

Además, Colombia era un destino muy favorable para mí, ya que, gracias a que mi abuela materna era colombiana, se me hacía fácil obtener la nacionalidad y eso me brindaba la ventaja de contar con un estatus legal en este país que me permitía acceder de inmediato al seguro de salud obligatorio, el cual arropaba a mi madre, situación que era invaluable para mí en ese momento.

Cuando viajé para dejar a mi hijo estudiando su carrera en Estados Unidos, me quedé por dos meses con él y me dediqué a pensar en cómo convertir esa promesa que me había hecho a mí misma en una realidad.

Contacté con un amigo de mi hermana, cuya empresa tenía operaciones en Medellín, me reuní con él y, finalmente, decidí invertir en su empresa. Unos meses después, viajé a Medellín y no tardé en darme cuenta de que la empresa no tenía las posibilidades de brindarme un empleo remunerado en el corto plazo porque estaba apenas iniciando. Así que volví al mismo lugar de partida: ¿cómo ganarme la vida para poder vivir en esta ciudad? Fue entonces cuando decidí invertir en una franquicia que me brindara apoyo y acompañamiento y en la que tuviera como territorio de operaciones toda Colombia.

Meses después, hice un viaje para visitar a mi hermana en España y me encontré *casualmente* a una amiga venezolana que se ocupa justamente de vender una franquicia española de academias de inglés y matemáticas para niños, que se estaba expandiendo a Latinoamérica.

En un par de días, me encontraba frente al dueño de **KidsBrain** y, tres meses después, decidí invertir en ese negocio, al que he dedicado la mayor parte de mi tiempo desde hace seis años.

En ese momento, no tenía ni idea de que me enfrentaría a una cultura empresarial diametralmente opuesta a la que yo conocía en Venezuela. Me topé con un país que, debido a su historia económica, es supremamente cauteloso en sus decisiones de inversión —cautela que yo misma he aprendido a tener—.

Ya con la decisión de emigrar tomada, una semana antes de mi viaje sin retorno a Medellín, tenía mis maletas abiertas en el piso y una lista de cosas por llevar, para no olvidar nada importante. Dentro de mí, coexistían emociones encontradas. Por una parte, la esperanza y la convicción de que sería una nueva y exitosa etapa en mi vida, pero, por otra, la tristeza de dejar atrás mi casa, mi hogar, mi madre, mi país.

Unos meses antes, la jefa del Departamento de Informática me había postulado para concursar en un premio que la Universidad otorgaba a algunos docentes por su recorrido académico. Me pedían llevar certificados de todos los cursos, formaciones, talleres, ponencias y actividades que había realizado en dieciocho años de carrera universitaria.

Cuando le entregué la carpeta —de más de cincuenta páginas—, le agradecí el gesto y le dije: «Muchas gracias. En verdad, no me importa si me dan el premio o no. Mi mayor regalo fue hacer un recuento de lo que ha sido mi vida como docente y poder reconocérmelo a mí misma». Unos meses después me llamaron para que fuera a la ceremonia de entrega de reconocimientos, entre los cuales estaba el mío, y en *primera clase*.

La vida es tan maravillosa conmigo que me dio la posibilidad de despedirme de esa institución que tanto amé con bombos y platillos, con un reconocimiento que no me permitió pasar por alto mis logros en todos esos años como docente. Todo eso pasaba por mi mente mientras me preparaba para dejar atrás mi país.

Para llegar a Medellín, tuve que cruzar la frontera por el puente Simón Bolívar a pie y, en pocos minutos, ya estaba del otro lado con mi maleta de pertenencias, pero sobre todo con mi maleta de esperanzas. Ya no era una niña. No tenía veinte, ni treinta, ni cuarenta. Tenía cuarenta y cuatro años. Aún me sentía y me siento muy joven, pero era consciente de que, cuanto más tiempo pasara, más difícil sería comenzar de nuevo.

Ese mismo día, viajé y llegué a Medellín. Una prima lejana, con quien contactamos con antelación, me alquiló una habitación espaciosa en una vivienda que tenía al lado de la suya. Esa habitación se convirtió en mi casa, mi oficina, mi espacio de descanso y la bodega de mi empresa.

Ya en mi nuevo hogar, sobre unas cajas de ábacos —instrumento milenario para efectuar operaciones aritméticas—, traídos desde la India, puse un mantel y lo convertí en una mesa que disimulaba un poco el uso impreciso que tenía mi habitación. Trataba de que pareciera más un cuarto que una bodega, aunque no creo haber tenido mucho éxito en ese objetivo.

Sin embargo, allí, en aquel cuarto, comenzó mi vida como empresaria en Colombia. Entre esas cuatro paredes, atendía vía Skype a los potenciales franquiciados en Colombia para presentarles nuestro prometedor modelo de negocio. Y, en verdad, estaba convencida de ello.

Por casi un año atendí mensajes y llamadas a cualquier hora. No tenía horario de trabajo porque en esa habitación/oficina se trabajaba todo el tiempo. Me acostaba agotada y mis mayores compañeras, que nunca me abandonaron, fueron la incertidumbre que se batía a muerte con la fe y la esperanza de que todo aquello que hacía funcionaría.

Ahora lo sé: la fe y la esperanza siempre ganaron. Y lo sé porque, hoy en día, con todo lo que he aprendido, solo eso pudo hacer que una persona, con los ojos completamente tapados por el desconocimiento absoluto del mercado, pudiera seguir adelante y levantarse tantas veces hasta hoy.

En el momento en que me vine a Medellín, lo hice sola. Únicamente conocía a dos personas. Una era mi prima Teresita, quien me acogió en ese cuarto que, aunque era de alquiler, me hacía sentir que allí al lado había alguien a quien podía acudir en caso de alguna emergencia.

La segunda persona era mi gran amigo John. Debo decir que siempre estuvo allí, como asomado, por si necesitaba algo. A John lo conocí en un programa de formación de *Coaching* Ontológico unos años antes de mudarme. Él se convirtió —y sigue siendo— mi ángel guardián, mi paño de lágrimas, mi confidente, mi *coach* y mi amigo.

Gracias a John, nunca me sentí totalmente sola. Sabía que él estaba tan lejos como una llamada telefónica, aunque admito que poco me gustaba molestarlo porque sabía que siempre estaba muy ocupado. Pero lo importante es que podía sentir que estaba allí para mí si lo necesitaba.

Ahora puedo decir, por lo vivido, que ser inmigrante no es fácil, ni aun en mi caso, que contaba con la nacionalidad colombiana. No es sencillo saber que no hay vuelta atrás, que volver NO es una posibilidad. Pero, al mismo tiempo, saber esto era la gasolina que me daba la energía para solo mirar hacia delante, porque atrás ya no había nada para mí.

Así que, con ánimo o sin él, cada día lograba llenar mi agenda de cosas por hacer y me disponía a ello, sin excusas y quizás sin escudriñar mucho en el dolor que yacía dentro de mí. Ese lo dejé de lado y lo tapé con todas las esperanzas de salir adelante, sin saber que tarde o temprano me diría: «Ey, acá estoy, no podrás seguir ignorándome por siempre…».

CAPÍTULO III

POR QUÉ PERDÍ EL RUMBO

El *hiperoptimismo* es una característica cultural que afecta a la mayoría de los venezolanos que emigran, llegando, en algunos casos extremos, al parecer, ante los ojos de los oriundos del país que nos recibe, engreídos y prepotentes.

La razón: Venezuela fue uno de los países más privilegiados de América Latina. En el año 1950, mientras el resto del mundo luchaba por recuperarse de la Segunda Guerra Mundial, Venezuela era el cuarto país más rico del mundo. Fue considerado por muchos el sueño americano del sur. Esta situación nos puso en el foco de muchísimos emigrantes europeos, quienes llegaron, se establecieron y echaron raíces, gracias a la alta rentabilidad que dejaban los negocios. En 1982, Venezuela seguía siendo la economía más rica de América Latina, cuyos trabajadores allí estaban entre los mejor pagados de la región.

La consecuencia de todo lo anterior es que el emprendedor venezolano emigra con un nivel de optimismo excesivo, lo cual muchas veces se convierte en su peor enemigo —más allá de lo difícil que pueda ser el mercado al que llega—. Este excesivo optimismo no le permite darse cuenta de los riesgos y las amenazas a las que se enfrenta.

Yo no podía escaparme de eso. Y, aunque en mi caso nunca fui engreída o prepotente, sí tenía un nivel de seguridad en mí misma y en los coterráneos con los que me asocié que no me permitieron ver los enormes avisos de CUIDADO que había frente a mis ojos.

Sumado a este *hiperoptimismo*, había una gran necesidad —que creo que muchos migrantes venezolanos compartimos— de alcanzar pronto un nivel económico que nos permitiese tener la misma calidad de vida o seguridad económica a las que estábamos acostumbrados.

Hablando de mi experiencia en particular, mi primera incursión empresarial, como comenté anteriormente, fue en la empresa de un amigo de mi hermana mayor, quien estaba iniciando operaciones en Medellín. Entré en ese negocio basándome en tres supuestos: el primero, que mi futuro socio era una persona conocida y confiable; el segundo, que uno de los socios —quien ya tenía años de experiencia en Venezuela— se iba a vivir en Medellín para ponerse a la cabeza del negocio; y, por último, que la presencia de un socio *paisa* nos abriría las puertas en esa ciudad. La cantidad de cosas que asumí fueron, desde mi mirada actual, impresionantes.

Algo más que asumí fue que, al tener nuestro socio *paisa* amplia experiencia en el mercado local y el socio venezolano en todo lo relacionado con el desarrollo de nuevas franquicias —a esto era a lo que se dedicaba su empresa, tanto en Venezuela como en Colombia—, hacían el equipo perfecto y todos los modelos de negocio que esta empresa convertiría en franquicias serían exitosos.

Tan convencida estaba de ellos que invertí, con capital de mi familia, en una naciente franquicia de acabados y remodelación de inmuebles (pegado de lozas, muebles de cocina, clósets, entre otros). Ese fue mi segundo gran fracaso en este país.

Pero lo más desconcertante de todo fue el motivo por el que yo hice tres inversiones tan arriesgadas en tan poco tiempo y lo único que puedo decir en mi defensa es que estaba segura de que iban a funcionar. Los pocos elementos que tenía para decidir fueron —desde mi perspectiva para ese momento— más que suficientes para yo creer que esos negocios serían exitosos y que el riesgo que estaba asumiendo era calculado. Nada más alejado de la realidad. Cuando miro atrás, solo puedo justificar mi actuación con base en dos cosas:

1. Mi necesidad —o desesperación— por lograr una estabilidad económica en el corto plazo, que solo me llevó a despilfarrar gran parte de mis ahorros.

2. El exceso de optimismo por venir de un país en donde la mayoría de los negocios funcionaban y retornaban la inversión en muy poco tiempo.

Para finalizar, puedo decir que, cuando la realidad se puso frente a mis ojos, ya no había mucho que pudiera hacer. A ello, se sumaba el hecho de estar pasando por el luto de ver partir lejos a mi hijo, salir de mi patria dejando todo y haber terminado una relación de pareja de muchos años.

Como resultado, caí en un trastorno de ansiedad tal que tuve que aceptar recibir medicación porque se me hacía muy difícil conciliar el sueño.

Hoy en día, puedo decir que viví lo que me correspondía y que ya no me dejo llevar por la emoción al momento de analizar en qué negocio decido entrar y en qué invierto mi dinero, mi tiempo y mis energías.

Si debo resumir en una palabra la gran lección vivida en esos primeros años como inmigrante emprendiendo en Colombia, debo decir que fue la humildad. La humildad para entender que no lo sé todo, que soy un ser humano con debilidades y fortalezas, que no soy infalible, que cometo errores y que, lo más importante, en cada evento que vivimos, es la capacidad de volvernos a levantar una y otra vez, no sin antes preguntarnos qué es eso que la vida nos está queriendo enseñar.

Una vez entendida mi lección, mi siguiente pregunta fue: ¿por qué perdí el rumbo? Debo admitir que, cuando llegué a Medellín, mi miedo y mi necesidad de estabilidad económica me hicieron tomar decisiones poco racionales y calculadas respecto a las inversiones que debía hacer.

Pero lo interesante de esto no es únicamente el resultado a nivel económico, sino la poca satisfacción a nivel personal que dos de las tres inversiones que hice me generaron. Reflexionando al respecto, debo admitir que en las dos empresas que no avanzaron como esperaba nunca me involucré en su dirección. Dejé en manos de otros (socios o empleados) el desempeño de la empresa, con muy poca o ninguna supervisión de mi parte.

Al respecto, debo admitir que cometí exactamente el mismo error que mi padre: invertir en empresas con personas que se suponían que tenían la experiencia en el área relacionada con las actividades productivas, pero sin involucrarme directamente en la operación de estas, ya que, entre otras cosas, no eran actividades con las que yo me sintiera identificada.

Esto no solo me hace responsable, sino que además me deja claro que ambas inversiones las hice solo por ganar dinero, mas no porque me apasionaban o quisiera dedicarme a ellas.

Como consecuencia, en el momento en que estas empresas comenzaron a dar problemas, yo no tenía ni el tiempo ni la disposición —porque no me veía a mí misma trabajando en ellas— de entrar, poner orden y asumir la dirección de la empresa. Estoy segura de que habría sido distinto si esas empresas hubiesen tenido relación con mis gustos y preferencias.

Si bien la persistencia es la principal característica que debe tener todo empresario, resultará mucho más sencillo ponerla en práctica si cada mañana, cuando te levantes y pienses en lo que tienes que hacer, sientes la ilusión de estar haciendo eso que amas y que te apasiona. Es por eso por lo que, cuando hablo, en el título de este capítulo, sobre perder el rumbo, me refiero a que en Venezuela yo era una persona que tenía su tiempo y energías dirigidas solo a actividades que amaba hacer. Muy pocas veces hacía cosas por obligación o por necesidad.

Como aprendizaje, mirando atrás y preguntándome qué haría diferente, debo admitir que no invertiría buscando únicamente una utilidad y sin sentir un interés genuino por las actividades del negocio.

También aprendí que, cuando estamos en la fase inicial de un negocio, lo ideal es enfocarnos únicamente en ese emprendimiento, poniendo toda la energía y tiempo en hacerlo crecer, antes de invertir o desarrollar una nueva actividad empresarial. Y, finalmente, entendí que, a menos que seas un inversionista de riesgo, no debes entrar en negocios en los que solo pondrás tu capital sin involucrarte muy de cerca en las operaciones del día a día de la empresa.

Al menos, puedo decir que después de estos siete años como empresaria en Medellín, he retomado mi camino. Ya que todo en lo que estoy involucrada en este momento ha pasado por el filtro de esta sencilla pregunta: ¿me haría feliz hacer esto? ¿Está alineado con mi vocación y con lo que amo hacer? Si, y solo si, la respuesta es afirmativa, lo analizo con detenimiento para saber si tengo el tiempo y la disposición de hacerlo. De lo contrario, lo descarto, aunque pudiera parecer muy rentable y atractivo.

CAPÍTULO IV

REENCONTRÁNDOME Y REINVENTÁNDOME

En mi caso, para poder reencontrarme con mi motivación interna y mi pasión, lo primero que tuve que hacer fue reconocer que el camino que había elegido no era el correcto. En este punto, lo importante era responderme a la pregunta: ¿qué pasó? ¿Por qué lo elegí entonces?

Siendo honesta, puedo decir que la razón fue que tenía una gran necesidad de recuperar la estabilidad económica que tenía antes de emigrar.

También comencé a preguntarme por aquellas actividades que había ido dejando de lado al mudarme y que sabía que me hacían vibrar. Recordé qué era lo que hacía en Venezuela que me hacía sentir feliz y equilibrada y la respuesta fue: solo cosas que me gustaran y me apasionaran. Y esa es la fórmula secreta que ahora comparto contigo.

Es así como decidí abrir tiempo en mi apretada agenda para comenzar a hacer cosas que permitieran a mi *ser interno y creativo* expresarse y, de allí, surgieron mis pasatiempos, tales como hacer manualidades y escribir.

Me di cuenta de que en Venezuela me sentía en mi zona de confort y que ahora había tenido que descubrir y poner en práctica todas las herramientas que había aprendido a lo largo de mi vida para que la guerrera que había en mí tomara el control. Y, aun cuando esa guerrera blandió la espada y salió en nuestra defensa para lograr sobrevivir en un mundo completamente nuevo, por un tiempo, me desconecté de mi esencia, esa que había venido cultivando durante tanto tiempo. Me había perdido y era hora de reencontrarme con ella.

Muchas personas se quedan en lo conocido y lo seguro toda la vida y no explotan todas las habilidades y dones con los que vinieron al mundo. Por lo tanto, nunca se convierten en una mejor y más evolucionada versión de sí mismas. En mi caso, migrar me obligó a pasar por este proceso.

Sin embargo, no resulta fácil salir de lo conocido y exponerte con éxito a los retos que te harán crecer como ser humano. Implica permitir que tu guerrero(a) surja y se imponga, pero, al mismo tiempo, mantener el contacto con tu esencia.

Por eso, mi invitación para ti, que estás leyendo este libro, es justamente esa: que logres descubrir en ti eso en lo que viniste a brillar —cuando somos niños, surge naturalmente—, aunque la familia, la sociedad y hasta tú mismo(a) —muchas veces para sentirte aceptado(a)— se hayan empeñado en opacarlo.

Y, volviendo a mi historia, fue así como se inició ese proceso de reencontrarme conmigo misma, con mis pasiones, con mi camino, con lo que me llena y me hace feliz.

Algo muy particular de ese momento de reconexión con mi esencia fue que coincidió con la pandemia del COVID-19, con lo cual el reto pasó a ser aún mayor. No solo se trataba de conectarme nuevamente con eso que me apasionaba y había dejado de lado, sino también de reinventarme en el proceso.

Dos de las empresas que dirigía para entonces comenzaban a vivir épocas en las que se pondría a prueba tanto la viabilidad de los productos o servicios ofrecidos como mi capacidad de llevarlos adelante en un mercado que vivía circunstancias completamente nuevas y que exigían estar muy atentos a los cambios en las necesidades de los clientes.

Frente a este escenario, no cabía la menor duda: o me reinventaba o desaparecía. La pregunta que surgió fue: pero... **¿cómo lo hago? ¿Cómo aprovecho las oportunidades que se abren? ¿Cómo emprendo entendiendo las nuevas realidades del mercado?**

Y lo que te diré ahora mismo, si te estás haciendo esa misma pregunta, es: empecemos por el principio. Aunque es totalmente necesario que tengas claro que el mercado al que nos estamos enfrentando es distinto al que conocíamos tan solo unos años atrás, lo que en este momento nos ocupa es que puedas reconocer qué es eso que late dentro de ti y a lo que deseas dar vida para entregarlo al mundo, cuáles son esas características y fortalezas que te hacen único(a), cuál es ese propósito que te motiva y te moviliza internamente y cómo puedes generar dinero haciendo eso que amas.

Una vez tengas estas respuestas, podrás mirar el mercado desde un ángulo completamente distinto y te aseguro que empezarás a ver oportunidades que antes no apreciabas y, lo más importante, las verás desde las fortalezas y la pasión que ya habrás descubierto en ti. Desde allí, el panorama lucirá más prometedor.

Para finalizar este apartado, te invito a ver esta charla hecha para un canal regional de cable en Medellín, al que fui invitada, y en la que hablo de mi experiencia emprendiendo en Colombia y cómo el hecho de basar mis decisiones de inversión únicamente en el factor monetario, me hizo perder no solo dinero, sino también alegría, salud y plenitud en mi vida.

Bisminds Talks:
DE EMPRENDEDORA POR URGENCIA
A TRIUNFADORA CON CONCIENCIA
CONTENIDO MULTIMEDIA. SECCIÓN 1

Parte 2:
¿EMPRENDER ES PARA MÍ?

Lo primero que te invito a hacer en este momento es a poner una mano en tu corazón y preguntarte: ¿emprender mi propio negocio es lo que realmente quiero? Es importante que seas muy sincero(a) contigo mismo(a) y te respondas ¿porque estoy emprendiendo? ¿Cuáles son mis motivaciones?

De acuerdo con el **Global Entrepreneurship Monitor** (2017-2018) —un informe que mide la tasa de actividad emprendedora en treinta y cinco países—, el 74 % de los emprendedores comienzan sus negocios tras haber identificado una oportunidad en el mercado. No obstante, este porcentaje obedece más a la realidad de los países desarrollados, siendo muchísimo menor en Latinoamérica, donde sus ciudadanos recurren muy a menudo al emprendimiento por necesidad: no tienen un trabajo estable, lo que ganan no les alcanza para vivir, desean mejorar su calidad de vida, pero no cuentan con una carrera y los bajos ingresos que pueden obtener trabajando para otro los lleva a tomar la decisión de emprender.

Muchos de estos emprendimientos suelen ser de supervivencia, pues no les permiten mejorar de manera significativa su calidad de vida, aunque sirven de sustento a su familia para cubrir necesidades básicas.

Ambas motivaciones para emprender —necesidad u oportunidad— son válidas. Tú puedes emprender inicialmente por necesidad: para ofrecer una mejor calidad de vida a tu familia, porque no encuentras un trabajo en la carrera que estudiaste, porque no lograste terminar tus estudios o, simplemente, porque consideras que es más rentable que ganar un sueldo mínimo. Pero, ya en el camino, vas detectando oportunidades de mercado que vas aprovechando para hacer crecer tu negocio.

Por otra parte, algunas de las personas que emprenden lo hacen por vocación. Ven el emprendimiento y trabajar de forma independiente como una forma de vida con la cual se identifican y no desean trabajar para alguien más, aunque ello pueda brindarle más estabilidad económica a corto plazo. Aquellos emprendedores por vocación podrían venir de familias donde haya existido una fuerte influencia hacia el emprendimiento y esto los hace más propensos a emprender y tener ciertas características de personalidad que los ayuden a sacar adelante sus emprendimientos.

Independientemente de la razón por la cual decidas emprender, lo importante es tener muy claro cuál es tu motivación: ¿quieres emprender porque necesitas un ingreso, porque la idea de trabajar en algo propio te moviliza o porque has detectado una necesidad en tu entorno que esperas satisfacer con tu negocio? Pero, sobre todo, ¿estás preparado para hacerlo?

No todos nacemos para asumir los sacrificios que implica ser empresario. Un empresario, con seguridad, trabajará más horas que su personal, no tendrá vacaciones por los primeros dos o tres años, se llevará las preocupaciones a la cama y tendrá que afrontar una gran cantidad de retos en el camino hacia el éxito.

Para muchos, tener un salario fijo que les permita mantener el estilo de vida que desean, trabajando ocho o diez horas al día y dejando las preocupaciones atrás cuando llegan a casa, puede ser mucho más atractivo. No obstante, ser empresario resulta para algunos emprendedores más que una ocupación: representa un estilo de vida con el que se sienten totalmente identificados.

El emprendimiento es una actividad bastante retadora, por lo tanto, es muy importante que eso que estás haciendo te apasione y que todos los días te levantes animado(a) y agradecido(a) por hacer lo que haces, porque, de esa manera, cuando se presenten los obstáculos —que de seguro lo harán—, estarás mejor preparado(a) para superarlos y seguir adelante.

Se necesita una gran motivación para dedicarse a un proyecto que nace desde cero. Se requieren muchas horas de trabajo, persistencia, baja frustración frente al fracaso y mucha pasión, para no rendirse frente a las adversidades. Tener la capacidad de encontrar caminos distintos para superar las dificultades, así como de escuchar críticas o sugerencias de los socios o los colaboradores y estar abierto a aprender e innovar permanentemente.

Ya sea que emprendas por necesidad, por vocación o por oportunidad, lo que quiero transmitirte en este libro es que la idea de negocio con la que vas a emprender debería ser algo con lo que tú realmente te sientas conectado(a), que te apasione, donde utilices esos talentos que la vida te dio y los pongas a disposición de los otros. Por eso, dedicaremos un capítulo completo al *IKIGAI*, una herramienta que te ayudará a alinear tu emprendimiento con tu propósito de vida.

Antes de continuar, te propongo que respondas las siguientes preguntas, que te ayudarán a avanzar en este proceso:

a) ¿Qué me motiva a emprender? ¿Emprender es lo que realmente deseo?

_____

_____

_____

b) ¿Cuáles considero que son mis fortalezas para emprender en ese negocio que tengo en mente?

_____

_____

_____

c) ¿Me veo a mí mismo(a) liderando este negocio por tiempo indefinido?

_____

_____

_____

d) ¿Qué estoy dispuesto(a) a hacer y sacrificar para sacarlo adelante? ¿Puedo hacerlo, a pesar de lo que digan las personas que me rodean?

_____

_____

_____

Debes sincerarte respecto a tus motivaciones, ya que, si emprendes solo por necesidad, podrías caer más fácilmente en el error —que yo misma cometí al migrar a Colombia— de lanzarte con un negocio que no corresponda con una oportunidad real en tu mercado o en lo que no tengas la posibilidad de resaltar o diferenciarte.

Si no lo has hecho, te invito a tomar tu libreta, a escribir estas preguntas y a darles una respuesta franca. Si concluyes que estás emprendiendo por necesidad, no te desanimes; nos pasa a muchos al principio. Este libro te ayudará a encontrar esa oportunidad que hace _match_ con tu pasión y en la que podrás satisfacer una necesidad de manera única, imprimiendo en la solución tu propio sello personal.

En el siguiente capítulo, vamos a analizar cuáles son esas características o competencias que debe poseer un emprendedor para tener éxito. Es muy importante que te autoevalúes para saber cuáles son aquellos comportamientos que debes reforzar, si es que emprender sigue siendo la principal opción para ti.

CAPÍTULO V

EVALÚA TUS COMPETENCIAS COMO EMPRENDEDOR(A)

Poco tiempo después de ser mamá, conseguí un empleo como profesora universitaria en el área de la informática —la carrera en la que me titulé—. Yo ya había probado las mieles del emprendimiento cuando monté mi primera empresa recién graduada, así que ya sabía lo que era la responsabilidad de ser empresaria, pero también lo que se sentía al fracasar, más aún cuando mi padre me había dado parte del capital para iniciar ese negocio, creyendo en mí, y yo no pude devolverle ese dinero al cerrar la empresa.

De este modo, en lugar de volver a emprender, decidí que, con un niño pequeño a quien mantener, era mejor tener un trabajo fijo que me dejara el tiempo suficiente para dedicarme a ser mamá. Y eso fue lo que hice: me convertí en profesora. Sin embargo, aunque aprendí a amar la enseñanza, la informática no era lo mío.

Un día, mi madre me mostró un aviso de prensa en el cual invitaban a participar en un taller intensivo sobre emprendimiento de ocho días. Era un taller de la ONU (Organización de las Naciones Unidas) y en verdad lucía muy interesante, pero yo no tenía el dinero para hacerlo, así que mi mamá se ofreció pagarlo y me inscribí.

Este taller, llamado **Empretec**, estaba enfocado a desarrollar diez competencias emprendedoras. Fueron ocho días realmente intensos, no solo en actividades, sino también en aprendizajes y autoconocimiento.

Pude detectar, a través de un cuestionario de autoevaluación minuciosamente diseñado para este programa, cuáles eran mis fortalezas y debilidades en cuanto a lo que ellos llaman las diez **características del comportamiento emprendedor (CCE)**.

Realizamos actividades concretas que buscaban ayudarnos a desarrollar estas **características del comportamiento emprendedor** y pude ver, como si de un observador externo a mí se tratara, qué conductas me impulsaban y cuáles me detenían en el momento de emprender, pero, sobre todo, cómo podía potenciar las primeras y desarrollar las segundas.

Esta experiencia fue un antes y un después en mi vida, y es por ello por lo que quiero hablarte de esas diez características y de los comportamientos asociados a cada una de ellas, de manera que puedas hacer un autoexamen objetivo y sincero.

En este taller de la ONU, **Empretec** (www.empretec.org), la elección de estas **diez características del comportamiento emprendedor** se basó en un estudio, realizado por **David McClelland**, psicólogo de la **Universidad de Harvard**, quien analizó cuáles eran las características que tenían en común los emprendedores de éxito a nivel mundial y las enmarcó en tres motivaciones: **poder, logro y afiliación.** Este tipo de investigaciones, que se han repetido a lo largo y ancho del mundo, surgen de la necesidad de definir un perfil común de los emprendedores de éxito para intentar desarrollarlo en otras personas, incrementando así sus posibilidades de éxito.

En mi caso particular, al rellenar el instrumento de **Empretec,** una de las características con puntuación más baja fue la de **persuasión y redes de apoyo,** ya que yo era una persona muy independiente, acostumbrada a hacer las cosas por mi cuenta y sin buscar ayuda en terceros, justo de ese tipo de persona que piensa: «Si quieres que las cosas se hagan bien, debes hacerlas tú mismo».

Luego de terminar el taller, entendí que, si deseamos llegar lejos, tenemos que apoyarnos en otras personas en el camino hacia el logro de nuestras metas. Para mí, desarrollar esta característica se convirtió en una prioridad, a tal punto que, en cada oportunidad que tenía, me preguntaba: ¿cómo puedo persuadir a esta persona para que me ayude? Y, en términos más generales, ¿cómo puedo hacer crecer mis redes de apoyo a nivel profesional y empresarial?

Con base en estas preguntas, me propuse responder: ¿qué personas que yo conozca me pueden apoyar en el logro de mis objetivos o, al menos, me pueden presentar a otros que lo puedan hacer? Una vez identificadas, se convirtieron en relaciones que me propuse cultivar a lo largo del tiempo. Luego de muchos años trabajando en reforzar esta característica, puedo decir que actualmente es una de las más fuertes y que más pongo en práctica en mi día a día, no solamente para mi empresa, sino en todas las áreas en las que me desenvuelvo.

En tu caso, te recomiendo hacer una lista de estas personas y, luego, proponerte entrar en contacto con ellas: reunirte, tomar un café, almorzar, conocer mejor los intereses que tienen en común, hablarles de tu proyecto, etcétera.

A continuación, enumero y explico cada una de las diez **características del comportamiento emprendedor**, según el estudio de **David McClelland**, para que te examines y te cuestiones si forman parte o no de tu repertorio conductual —puedes ayudarte preguntando a tu pareja o tus amigos cercanos si ven esa conducta en ti—. Si la respuesta es NO o muy poco en algunas de ellas, ¿qué esperas? Este es el momento para comenzar a ponerlas en práctica. ¡Vamos a ello!

Antes recuerda que estas diez características están enmarcadas en tres motivaciones: *poder, logro y afiliación.* En un momento, te explico de qué se trata cada una de ellas.

Para que puedas ir chequeando, te he colocado una pequeña escala del 1 al 10 al final de cada característica, para que evalúes tú mismo(a). Recuerda ser lo más sincero(a) posible. Así tendrás un punto de partida para comenzar a trabajar en aquellos comportamientos que aún no son una fortaleza en ti. Si te lo propones, estoy segura de que lo lograrás. Yo lo hice, así que ¡tú también puedes!

I) NECESIDAD DE LOGRO

La motivación para el logro se corresponde con el esfuerzo por sobresalir de la media, estableciéndose metas que tengan cierto nivel de dificultad —sin ser imposibles de alcanzar—. La persona necesita hacer cosas y demostrarse a sí misma —y a los demás— que es capaz de conseguir lo que se propone. Las **características del comportamiento emprendedor** que corresponden a esta motivación son:

1.- Búsqueda de oportunidades e iniciativa

Los emprendedores exitosos ven continuamente oportunidades —que pueden convertirse en empresas— allí donde otras personas ven problemas.

A este respecto, hay una historia muy conocida que quiero compartir contigo.

Una importante fábrica de zapatos envía a dos de sus vendedores a un país muy pobre para considerar si debían o no entrar en ese mercado. Uno de los vendedores se comunica con su jefe y le dice: «Creo que este no es un buen lugar para traer nuestro producto, ya que la mayoría de las personas acá caminan descalzos». Por su parte, el segundo vendedor llama emocionado a su jefe y le dice: «Jefe, este lugar es una mina de oro, acá podemos vender todo lo que queramos, porque la gente aún no usa zapatos».

Winston Churchill, ex primer ministro de Gran Bretaña, decía: «El pesimista ve dificultad en cada oportunidad. El optimista ve oportunidad en cada dificultad».

Algo que he aprendido en mi camino como emprendedora es que, además de estar muy atenta a las oportunidades, en la mayoría de los casos, debemos hacer que las cosas pasen.

Madam C. J. Walker, empresaria, filántropa y activista social, dice: «Tuve que buscarme la vida y mi propia oportunidad. Pero lo logré. No te sientes y esperes a que lleguen las oportunidades. Levántate y hazlas».

A continuación, te voy a pedir que, siendo lo más honesto(a) posible —recuerda que esto es algo que solo tú vas a conocer—, después de haber leído a qué hace referencia la característica **búsqueda de oportunidades e iniciativa**, hagas una autoevaluación del 1 al 10 que refleje cuánto consideras que empleas esta característica en tu día a día. ¿Crees que estás en una constante búsqueda de oportunidades o, más bien, esperas que las circunstancias se presenten frente a ti para actuar?

Recuerda que debes ser muy sincero(a) si en verdad quieres conocer qué **características del comportamiento emprendedor** debes reforzar en tu vida. Por favor, marca con una X la opción que mejor se adapte para ti.

*Empleo la **búsqueda de oportunidades e iniciativa:***

Pocas veces				En ocasiones			A menudo		
1	2	3	4	5	6	7	8	9	10

2.- Persistencia

Los empresarios de éxito nunca abandonan su empeño, son perseverantes y no retroceden ante los obstáculos; al contrario, los ven como retos, implementando —de ser necesario— cambios en la estrategia para seguir avanzando hacia el logro de sus metas.

Creo que el mejor ejemplo para explicar esta característica es el de **Thomas Edison**. Cuando le preguntaron cuántos intentos fallidos había cometido para crear la bombilla eléctrica, respondió: «No fueron mil intentos fallidos, fue un invento de mil pasos».

Steve Jobs, cofundador de Apple, comenta: «Estoy convencido de que la mitad de lo que separa a los emprendedores exitosos de los que han fracasado es la perseverancia».

No podría estar más de acuerdo con este empresario. Pienso que la perseverancia es eso que te mantiene en el camino hacia tus sueños, a pesar de los obstáculos, y que te permite aprender, tanto a nivel del negocio como personal, todo lo necesario para que estés listo(a) para triunfar. Si estás allí el tiempo necesario, haciendo lo que debes, cayendo y levantándote una y otra vez, aprendiendo de tus errores y haciéndolo aún mejor en cada nueva oportunidad, lo más probable para ti será el éxito.

Winston Churchill decía: «Tener éxito es fracasar repetidamente, pero sin perder el entusiasmo».

No obstante, cuando lo logres, muchas personas te verán y dirán: «¡Qué suerte la que ha tenido!». Incluso más de uno dudará de la procedencia de tu dinero, porque no pueden imaginar todo el trabajo que tuviste que invertir para llegar hasta allí. Es por esto por lo que **Biz Stone**, cofundador de Twitter, dice: «El tiempo, la perseverancia y diez años intentándolo harán que la gente te vea como un éxito de la noche a la mañana».

Nuevamente, te invito a preguntarte qué sueles hacer cuando se presentan obstáculos en tu vida. ¿Buscas nuevos caminos para llegar a tu objetivo hasta lograrlo o decides no perder más tiempo y moverte hacia otra posibilidad? Por favor, marca con una X la opción que mejor se adapte a ti.

*Soy **persistente** ante las adversidades en cada objetivo que me propongo:*

Pocas veces				En ocasiones			A menudo		
1	2	3	4	5	6	7	8	9	10

3.- Cumplimiento de los compromisos

Para un emprendedor, es crucial mantener las promesas frente a sus clientes y colaboradores, incluso si ello implica hacer sacrificios.

Aunque tu producto o servicio sea muy bueno, si no eres capaz de cumplir lo que ofreces a tus clientes, empleados y proveedores, tarde o temprano el incumplimiento te pasará factura y tu empresa se verá en problemas. Por eso, incluso en momentos difíciles, lo mejor es dar la cara y enfrentar los contratiempos con la verdad.

La gente prefiere que seas honesto(a) y les digas: «Ahora mismo no puedo, pero dame un tiempo» —siempre y cuando lo cumplas—, a que te escondas o des un cheque sin fondos para salir del paso. Además, recuerda que tus empleados aprenden e imitan lo que haces. No podrás pedirles responsabilidad si ven que es una conducta que tú no pones en práctica.

Al respecto, **Himanshu Bhatia**, fundador y director general de Ricovr Healthcare, nos dice: «Como líder, es una gran responsabilidad sobre tus hombros practicar el comportamiento que quieres que los demás sigan».

Responde con una mano en el corazón: cuando te comprometes con alguien para asistir a una reunión, hacer algo o entregar un trabajo, ¿realmente haces todo lo necesario para ser puntual con la fecha y hora acordada o consideras que unas horas más o una menos no representan mucha diferencia? Por favor, marca con una X la opción que mejor se adapte para ti.

*Soy estrictamente **puntual** frente a los compromisos adquiridos:*

Pocas veces				En ocasiones			A menudo		
1	2	3	4	5	6	7	8	9	10

4.- Exigencia de calidad y eficiencia

Esta característica está relacionada con la necesidad del emprendedor de realizar las cosas mejor, más rápido y con la menor cantidad de recursos posibles. Asimismo, tiene que ver con la voluntad de mejorar permanentemente la calidad del producto o servicio ofrecido, los procesos o la atención al cliente, entre otros.

En un mundo como el actual, hacer eficientes nuestros procesos conlleva, en gran parte, automatizarlos al máximo. No obstante, es importante que, antes de hacerlo, hayan sido revisados y perfeccionados; de lo contrario, tal como afirma **Bill Gates**, cofundador de Microsoft: «La automatización aplicada a una operación eficiente aumentará la eficiencia. La automatización aplicada a una operación ineficiente aumentará la ineficiencia».

Para **Caterina Fake**, cofundadora de Flickr, «trabajar eficientemente es más importante que trabajar duro».

Respecto a la calidad en nuestros servicios y procesos, **Jeff Bezos**, fundador de Amazon, comenta: «El mejor servicio de atención al cliente es si el cliente no necesita llamarte». No obstante, de existir alguna queja, en lugar de ponerte a la defensiva, ten en cuenta lo que **Bill Gates** afirma: «Tus clientes más insatisfechos son tu mayor fuente de aprendizaje».

Creer que ya llegamos a un punto del negocio en que todo está funcionando perfectamente y que no es necesario cambiar nada puede ser un error muy costoso en un mundo globalizado y en constante cambio. Según **Ingvar Kamprad**, fundador de IKEA, «El veneno más peligroso es el sentimiento de logro. El antídoto es pensar cada noche qué se puede hacer mejor mañana».

Para mí, el secreto de ofrecer calidad y estar obsesionados por mejorar tus procesos y productos cada día se resume en este párrafo de **Steve Jobs**: «Tu trabajo va a llenar una gran parte de tu vida y la única manera de estar realmente satisfecho es hacer lo que crees que es un gran trabajo. Y la única manera de hacer un gran trabajo es amar lo que haces. Si aún no lo has encontrado, sigue buscando. No te conformes. Como en todos los asuntos del corazón, lo sabrás cuando lo encuentres».

A continuación, responde para ti mismo(a): ¿crees que lo que funciona bien es mejor dejarlo como está o siempre te esfuerzas por buscar una manera más eficiente de hacer las tareas del día a día? Por favor, marca con una X la opción que mejor se adapte a ti.

*Busco obsesivamente **la eficiencia y calidad** en cada cosa que hago:*

Pocas veces				En ocasiones			A menudo		
1	2	3	4	5	6	7	8	9	10

5.- Toma de riesgos calculados

Este es uno de los aspectos más importantes de la actividad empresarial. El empresario exitoso está dispuesto a asumir riesgos, pero de manera controlada, estudiando bien las alternativas y sus posibles consecuencias, eligiendo soluciones que impliquen un desafío moderado y estableciendo planes paralelos, en caso que las cosas no salgan de acuerdo con lo previsto, de manera que se puedan reducir al máximo los factores que pueden llevar al fracaso.

Ray Kroc, responsable de la expansión mundial de McDonald's, solía decir: «Si no te gusta tomar riesgos, deberías salir corriendo de los negocios». Y es que, en el mundo empresarial actual, esta característica es una que, con total seguridad, tendrás que poner en práctica.

En relación con esto, **Mark Zuckerberg**, creador de Facebook, afirma: «En un mundo que cambia realmente rápido, la única estrategia que tiene garantizado el fracaso es no tomar riesgos».

Me gusta imaginar la vida y los negocios como el surf. Siempre habrá elementos que no podemos prever y que se escapan de nuestro control. Debemos convertirnos en los mejores surfistas que podamos, para montarnos sobre la ola y aprovecharla al máximo.

Según **Reid Hoffman**, cofundador de LinkedIn, «Todo en la vida tiene algo de riesgo y lo que realmente tienes que aprender a hacer es cómo navegar por él».

Si logras superar el miedo y asumes riesgos controlados, conseguirás resultados que te sorprenderán.

Como decía **Jim Rohn**, empresario, autor y motivador, «Si no estás dispuesto(a) a arriesgar, tendrás que conformarte con lo ordinario». Al final, todo depende de lo que tú quieras y estés dispuesto(a) a hacer para lograrlo.

Así que no dejes que el miedo se convierta en un obstáculo para ti. El miedo es totalmente normal cuando salimos de nuestra zona de confort, pero, como nos dice **Tory Burch**, diseñadora, empresaria y filántropa: «Si no estás asustado(a), probablemente no estás soñando demasiado».

A continuación, responde con la mayor sinceridad: frente a los riesgos, ¿te gusta calibrar posibles resultados y reacciones de tu parte (plan A, plan B, plan C) y analizarlos en detalle o haces más caso a tu intuición y te lanzas si sientes que debes hacerlo? Por favor, marca con una X la opción que mejor se adapte para ti.

Ante un nuevo reto, busco toda la información posible y establezco varios posibles escenarios antes de asumir un riesgo:

Pocas veces				En ocasiones			A menudo		
1	2	3	4	5	6	7	8	9	10

II) NECESIDAD DE AFILIACIÓN

A las personas con esta necesidad les motiva socializar, interactuar con la gente y el entorno, para obtener el respaldo y el respeto de los demás. Según McClelland, las características relacionadas son:

6.- Fijación de metas

Los retos personales son impulsados por las metas y objetivos que el emprendedor se establece a medio y largo plazo, sabiendo adónde quieren llegar y estableciendo objetivos medibles a corto plazo.

No es un secreto para nadie que «establecer una meta es el punto de partida de todo logro» (**W. Clement Stone**, empresario y escritor). Asimismo, **Akio Morita**, fundador de Sony, decía: «Es puro sentido común; si no sabes claramente adónde vas, es muy difícil que encuentres el mejor camino para llegar».

Otro aspecto fundamental de las metas es que deben ser medibles y tener una fecha tope para su cumplimiento. Tal como menciona **Janet Dailey**, escritora, «Algún día no es un día de la semana». Cuando nos fijamos metas, pero no les ponemos plazo, algún día o nunca pueden ser fechas probables.

Algo curioso en los emprendedores natos es que disfrutan cuando se plantean metas no tan sencillas de llevar a cabo, es decir, que tengan cierto grado de dificultad —pero que aún sean factibles de alcanzar—, de manera que representen un reto.

Aunque todavía hay algunos más ambiciosos y que han desarrollado una gran autoconfianza. Es el caso de **Richard Branson**, multimillonario británico, quien comenta: «Mi interés en la vida proviene de establecerme retos enormes y aparentemente inalcanzables y tratar de superarlos». Branson sufre dislexia, por lo que obtuvo resultados académicos muy bajos en la escuela; no obstante, eso no le impidió hacerse rico. A sus catorce años, ya había fundado dos empresas que, si bien fracasaron, le dieron la experiencia necesaria para triunfar al crear una tercera a los dieciséis años.

Ya sea que decidas ponerte metas de dificultad moderada o que te guste el estilo de **Richard Branson** y te fijes objetivos que para muchos suenan imposibles, te invito a seguir el consejo de **Mary Kay Ash**, fundadora de Mary Kay Cosmetics: «Comienza hoy mismo a escribir la historia de tu éxito. Fija tus metas y síguelas hasta que se conviertan en realidad. Tienes que creer en ello aun antes de verlo. Cualquier cosa que tu mente pueda recibir y entender se puede lograr».

Creo que establecer metas no es algo que solo los emprendedores llevan a cabo. Para la mayoría de las personas, es un ejercicio que solemos hacer al inicio de cada año. La pregunta sería: ¿cuánto nos comprometemos con esas metas? ¿Les ponemos fecha y revisamos constantemente si las hemos cumplido o no?

En mi caso en particular, tengo una pizarra dividida en cuatro, donde anoto mis principales proyectos o emprendimientos y, abajo, voy colocando las metas de largo plazo, seguidas por estrategias de medio plazo y tareas de corto plazo. Esto me ayuda a estar muy pendiente del avance que voy obteniendo en cada una de ellas.

Ahora te invito a ti a preguntarte: ¿tienes claro hacia dónde vas en tu vida? ¿Fijas metas medibles con base en eso que quieres alcanzar? ¿Les pones fecha de realización? ¿Estableces tareas para su consecución?

Según tus respuestas, marca con una X la opción que mejor se adapte a ti.

Considero que tengo un norte claro en mi vida profesional y personal y los persigo fijando metas:

Pocas veces				En ocasiones			A menudo		
1	2	3	4	5	6	7	8	9	10

7.- Búsqueda de información

Un emprendedor de éxito siempre está indagando información sobre sus clientes, tendencias del mercado, proveedores, la competencia, nuevas tecnologías y oportunidades, así como asesorándose en temas comerciales, legales, fiscales y técnicos para poder conducir de la mejor manera su emprendimiento y estar al tanto de los cambios que se van dando en el mercado para implementar los ajustes necesarios con el objeto de sobrevivir y crecer.

Considero que no prestamos la suficiente atención a esta característica. Estamos tan sumidos en las actividades y los retos del día a día que dejamos de estudiar y analizar lo que pasa allá afuera. Como empresarios, si no tenemos el hábito de buscar información, estaremos desconectados de lo que pasa en el entorno y en nuestro mercado. Nada es más peligroso que esto para la supervivencia de una empresa.

Indra Nooyi, exdirectora general de Pepsi, comentó en una ocasión: «Como CEO, estoy descubriendo que tengo que convertirme en una CEO que aprende. Tengo que ir a la escuela todo el tiempo porque estoy adquiriendo nuevas habilidades que necesito para dirigir esta empresa. Tengo que renovar constantemente mis habilidades».

Cuando tenemos la información adecuada, podremos tomar decisiones acertadas para nuestra empresa, reduciendo las posibilidades de error, así como el temor a la incertidumbre. Al respecto, **Marie Curie**, científica polaca, decía: «Nada en la vida debe ser temido, solamente comprendido. Es hora de comprender más para temer menos». Por su parte, **Benjamin Franklin**, padre fundador de los Estados Unidos, solía afirmar: «Invertir en conocimientos produce siempre los mejores resultados».

En ocasiones, tener experiencia en nuestro oficio y estar actualizados no es suficiente, ya que nunca podremos saberlo todo respecto a cada una de las áreas de la empresa. Es por ello por lo que la característica de **búsqueda de**

información nos habla de dejarnos asesorar por personas más especializadas que nosotros. **Kyle Bragger**, cofundador de Exposure, comenta: «Si no estás seguro de lo que estás buscando, consigue un mentor».

Es interesante analizar cómo las diez **características del comportamiento emprendedor** se relacionan unas con otras y entender por qué debemos trabajar en desarrollarlas todas en la misma medida. Lo veo de esta manera: necesitamos buscar información para iniciar una empresa que nazca de una necesidad real del mercado. **Guy Kawasaki**, empresario, inversionista y desarrollador de Macintosh, decía: «La mejor razón para iniciar una empresa es que esta tenga sentido, sentido para crear un producto o servicio que la sociedad necesite y, de esta forma, hacer un mundo mejor».

Así, también la búsqueda de información nos equipa para reducir la incertidumbre y tomar riesgos calculados y mejores decisiones para la empresa. **Elon Musk**, cofundador de empresas como PayPal, Twitter, Tesla Motors y Space X, va más allá y nos invita a ser proactivos en la recolección de información útil: «Presta atención al feedback negativo y solicítalo, particularmente de los amigos. Difícilmente alguien hace eso y es de mucha ayuda».

Finalmente, te dejo esta frase de **Earl Nightingale**, escritor y motivador norteamericano, que te ayudará a reflexionar sobre la importancia de la información precisa en el momento adecuado: «La suerte tiene lugar cuando la preparación se encuentra con la oportunidad».

¿Estoy comprometido(a) con indagar información valiosa para mi negocio cada día? Por favor, sé muy sincero(a) al responder.

Pocas veces				En ocasiones			A menudo		
1	2	3	4	5	6	7	8	9	10

8.- Planificación y seguimiento sistemático

Se trata de revisar, de manera metódica, las tareas desarrolladas para saber si se está avanzando en la consecución de las metas planteadas y, en caso contrario, incorporar los cambios necesarios.

Esta característica es tan importante como la de fijar metas, ya que, si se fijan metas, pero no se les hace seguimiento, es muy sencillo desviarse y perder el rumbo. Por otra parte, los planes no pueden ser estáticos.

En momentos tan cambiantes como los actuales, es preciso ir revisando los resultados obtenidos con mucha frecuencia para ajustar las tareas, de manera que finalmente se llegue a la consecución de las metas de medio y largo plazo que se nos hemos planteado. Es por ello por lo que los planes deben ser flexibles.

La afirmación de **Confucio**, filósofo chino del siglo VI a. C., lo plantea claramente: «Cuando el objetivo te parezca difícil, no lo cambies, busca un nuevo camino para llegar a él». Al respecto, **Isaac Asimov**, bioquímico y novelista de origen ruso, solía decir: «Para tener éxito, la planificación sola es insuficiente. Uno debe improvisar también».

Hacer seguimiento a los planes y ajustarlos a lo largo del tiempo es tan importante como hacerlos en primera instancia. Acá vemos de nuevo cómo se relacionan unas **características del comportamiento emprendedor** con otras. Fijar metas es el primer paso de la planificación, pero si solo escribimos nuestras metas en enero de cada año y luego doblamos y guardamos el papel para revisarlo en diciembre y ver si la vida se puso de nuestra parte y nos ayudó a conseguirlos, no será nunca una buena práctica.

Es por ello por lo que te invito a cuestionarte:

¿Reviso periódicamente los planes y, de ser necesario, los reajusto buscando nuevas maneras o estrategias para alcanzar mis metas? ¿Con qué frecuencia lo haces?

Pocas veces				En ocasiones			A menudo		
1	2	3	4	5	6	7	8	9	10

III) NECESIDAD DE PODER

Hace referencia a la necesidad de influir sobre los demás y de captar seguidores para un proyecto. Los emprendedores con necesidad de poder buscan tener impacto social, prefieren la libertad de la independencia y son personas dinámicas y enérgicas que ponen en marcha múltiples actividades.

Las dos características asociadas con esta necesidad son:

9.- Persuasión y redes de apoyo

Los mejores emprendedores inducen a otras personas a seguirlos o ayudarlos en la consecución de sus objetivos. Usan redes de apoyo para alcanzar sus metas y son muy persuasivos, pues utilizan estrategias deliberadamente diseñadas para influir en los demás y convencerlos. Saben, no obstante, delegar en personas claves.

Un ejemplo de esta característica es, sin duda, el del exitoso **Bill Gates**, quien, con tan solo veinticinco años, convenció al director de IBM, Frank Cary, de que su compañía podía satisfacer las necesidades de IBM. Pese a ello, en ese momento, Microsoft no había desarrollado ningún sistema operativo compatible con esos ordenadores. Para no perder el negocio, **Bill Gates** le compró —con exclusividad— el sistema operativo QDOS a Tim Paterson y adaptó este *software* para que trabajase correctamente en los PC de IBM, lo renombró como MS-DOS y se lo vendió a

IBM. Así logró que la multinacional le pagara una cuota por cada licencia vendida, reservándose el derecho de poder venderlo a otros fabricantes de PC, como Apple.

Es importante acotar que esta característica puede ser malinterpretada como manipulación, pero nada más lejano de la realidad. La persuasión tiene que ver con la convicción de las ideas propias y la capacidad de hacer que los demás quieran ayudarte. **Dwight D. Eisenhower** decía que «la motivación es el arte de conseguir que la gente haga lo que quieres y que lo hagan porque desean hacerlo».

Por su parte, **Zig Ziglar**, escritor y orador motivacional, afirmaba: «Si a la gente le gustas, te escucharán; pero, si confían en ti, harán negocios contigo». Esto hace alusión a la importancia de inspirar confianza en los otros, ya que ayudará a crear redes de apoyo sólidas con las que siempre podamos contar.

En relación con caminar solos o en compañía hacia el logro de nuestras metas, **Reid Hoffman**, cofundador de LinkedIn, afirma: «No importa lo brillante que sea tu mente o tu estrategia, si vas por solitario, perderás ante cualquier equipo». Sin duda, este empresario es consciente de la importancia de las redes de apoyo para llegar más lejos.

Cuando empecé en este camino del emprendimiento, gracias al taller de **Empretec**, descubrí que esta era una de las características más débiles en mí. Estaba acostumbrada a hacer las cosas por mí misma y era —aún lo soy— supercontroladora y perfeccionista, por lo que me costaba mucho delegar en otras personas. Cuando tomé conciencia de que solos no llegamos lejos, empecé a trabajar para ir creando redes de apoyo a mi alrededor. Si esto no es algo nato en ti, deberás trabajarlo premeditadamente, pero, créeme, valdrá la pena cada minuto invertido en desarrollar nuevos contactos y en crear y nutrir estas relaciones. Ahora quiero que te sinceres como yo lo he hecho contigo.

¿Con qué frecuencia me propongo persuadir a otro para que me apoye en mis objetivos? ¿Cuánto invierto en crear y cultivar nuevas redes de apoyo para mí y mi negocio?

Pocas veces				En ocasiones			A menudo		
1	2	3	4	5	6	7	8	9	10

10.- Independencia y autoconfianza

Esta característica se refiere a que los emprendedores son personas seguras de sus capacidades y transmiten tranquilidad y aplomo. Al respecto, **Fred Wilson**, cofundador de Union Square Ventures, afirma que «una persona que es tranquilamente confiada es el mejor líder».

Esta autoconfianza implica también asumir la responsabilidad total de conseguir lo que se desea. **Arthur Ashe**, tenista, decía: «La confianza en uno mismo es muy importante para lograr el éxito. Y, para tener confianza, es importante estar preparado». Ya lo comentamos antes en la característica de **búsqueda de información**. Si contamos con los conocimientos y la información precisa, esto aumentará nuestro nivel de autoconfianza.

Otro elemento fundamental son nuestras creencias y eso que nos decimos a nosotros(as) mismos(as). **Henry Ford** lo explicaba claramente: «Si crees que puedes, o si crees que no puedes, tienes razón».

En los negocios, tienes que creer que tú puedes, pero no solo en los inicios: debes creerlo en cada bache que se presente en el camino. Habrá momentos en que esta frase de la tenista **Venus Williams** será vital para la supervivencia de tu negocio: «Tienes que creer en ti mismo cuando nadie más lo haga».

Por su parte, **Howard Shultz**, mejor conocido por ser el CEO de Starbucks, afirma: «Tienes que ser auténtico, tienes que ser honesto y, sobre todo, tienes que creer en tu corazón que va a funcionar». Si no lo crees en lo más profundo de ti mismo(a), será difícil superar los momentos complejos, y créeme que los habrá.

Otra clave para fortalecer tu autoconfianza es que te sientas merecedor(a) del éxito. **Diane Sawyer**, periodista y presentadora estadounidense, afirma: «Cree lo suficiente en ti mismo(a) para aceptar que tienes el mismo derecho que los demás para conseguir lo que quieres».

Si no crees que mereces el éxito pero, aun así, trabajas duro para lograrlo, muy probablemente se te irá de las manos cuando tengas los primeros atisbos de triunfo. Así funciona, si no te sientes merecedor(a), te sabotearás inconscientemente y el éxito, si es que lo consigues, durará muy poco. Así que trabaja, en primer lugar, en fortalecer tu autoconfianza y merecimiento para sentar bases sólidas para lograr tus más grandes sueños.

Ahora sí, de nuevo, pon la mano en tu corazón, respira y responde:

¿Cuánta confianza siento para lograr mis sueños por mí mismo(a), independientemente de lo que opinen mi familia, cónyuge y amigos? ¿Cuánto confío en mis capacidades para vencer los obstáculos que se presenten?

Pocas veces				En ocasiones			A menudo		
1	2	3	4	5	6	7	8	9	10

Finalmente, a partir de estas **diez características del comportamiento emprendedor (CCE)**, es posible autoevaluarse y reconocer *cuáles son tus fortalezas y en cuáles debes trabajar*. Este reconocimiento implica una sana y sincera revisión personal que te permitirá planificar estrategias específicas para desarrollar alguna o varias de estas conductas.

Por ejemplo, si te das cuenta de que exponerte y captar apoyo de otros no es una competencia muy desarrollada en ti, podrías, deliberadamente, proponerte acudir a reuniones de asociaciones de empresarios donde haya oportunidad de hacer *networking*, conocer posibles aliados estratégicos y, finalmente, concretar y consolidar alianzas en beneficio de tu negocio.

En mi caso en particular, una característica que tenía, pero que fortalecí aún más, fue la de **búsqueda de oportunidades**. ¿Cómo lo hice? Adquiriendo conciencia de cada circunstancia que podía brindarme la posibilidad de hablar con alguien o aprovechar recursos existentes. También, haciéndome constantemente la pregunta: ¿cómo esto puede ayudarme a lograr lo que quiero?

Ahora bien, sobre si *nací para emprender o no*, debo aclarar que, en la actualidad, resulta comúnmente aceptado que las características personales y las habilidades de los emprendedores pueden ser desarrolladas a través de la educación. La investigación en este campo ha demostrado que la conducta emprendedora puede ser estimulada a través de programas formales diseñados para tal fin.

En mi opinión, basada en mi propia experiencia, todos nacemos con o desarrollamos, a lo largo de la vida, algunas de estas diez características. No obstante, tendremos que trabajar en el resto, ya que de lo que se trata es de que haya equilibrio entre todas ellas.

Particularmente, la persistencia, fijar metas, el cumplimiento y la planificación son conductas que aprendí desde mi niñez, gracias a la formación que me dieron mis padres. No obstante, mi padre era muy arriesgado en sus inversiones y, en consecuencia, medir el riesgo y buscar información antes de decidir han sido mis mayores retos y aprendizajes.

Si bien pueden existir rasgos de personalidad con los que nacemos, estas **diez características del comportamiento emprendedor** se pueden desarrollar, siempre y cuando tengamos la humildad de reconocer nuestras debilidades y pongamos en marcha un plan minucioso para exponernos y poner en práctica estas conductas en nuestras vidas diarias. Ello, hasta que las hagamos parte de nuestra manera de ser y de actuar.

Ahora, para terminar este capítulo, te invito a vaciar tus resultados en la siguiente tabla y, luego, a volcarlos en un gráfico —en la misma escala del 1 al 10 que usaste para cada **característica del comportamiento emprendedor**—, para que tengas, de manera muy visual, un retrato de la autoevaluación de tus **diez características del comportamiento emprendedor** y la puedas imprimir y colocar en un lugar muy visible para ti, a manera de recordatorio.

Llenar la tabla es muy sencillo. Simplemente, vacía el puntaje que le diste a cada una de las características del comportamiento emprendedor (**CCE**).

Características del Comportamiento Emprendedor (C.C.E.)	Puntaje Irulú
Búsqueda Oportunidades e Iniciativa	8
Persistencia	9
Cumplimiento	8
Exigir Eficiencia y Calidad	10
Correr Riesgos Calculados	7
Fijar Metas	9
Búsqueda de Información	7
Planificación Sistemática y Seguimiento	10
Persuasión y Redes de Apoyo	8
Autoconfianza e Independencia	8

Para llenar la gráfica, debes colocar un punto en el valor de la escala que le diste a cada **característica del comportamiento emprendedor** y luego unir los puntos, lo cual te arrojará una gráfica como la que te muestro a continuación:

PERFIL (C.C.E.) de Irulú

PUNTAJE

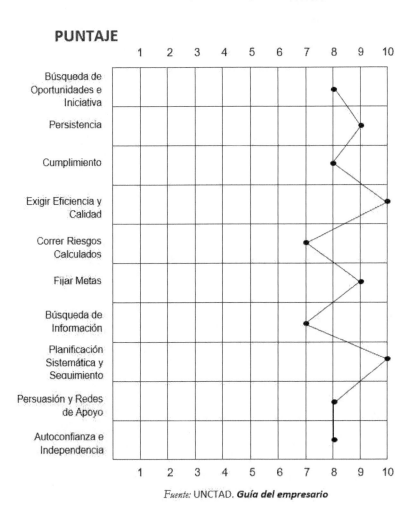

Fuente: UNCTAD. *Guía del empresario*

PERFIL DE LAS C.C.E. de
(TU NOMBRE)

PUNTAJE

Fuente: UNCTAD. *Guía del empresario*

CAPÍTULO VI

LOS CUADRANTES DE KIYOSAKI

¿EN QUÉ CUADRANTE QUIERES ESTAR?

De acuerdo con **Robert Kiyosaki**, autor del famoso libro *Padre rico, padre pobre* y del *Cuadrante del flujo del dinero*, existen cuatro formas básicas para obtener ingresos en la sociedad moderna: *empleado, autoempleado, empresario e inversionista*. Esto lo representa con un diagrama en forma de cruz en el que explica los pros y los contras que supone vivir en cada uno de los cuatro cuadrantes.

93

¿EN QUÉ CUADRANTE ESTÁS TÚ?

A continuación, te explicaré de qué se trata cada uno de los cuadrantes para que puedas identificar en cuál te ubicas en estos momentos. Es posible que estés en más de un cuadrante a la vez:

I) **EMPLEADO:** Esta opción solía ser muy atractiva, ya que brindaba seguridad financiera y una jubilación tranquila. Cada vez más, estas ventajas se han ido diluyendo, en un mercado laboral con muy alta rotación, despidos masivos y condiciones de jubilación poco beneficiosas.

   Por otra parte, nadie puede asegurarte que la empresa para la que trabajas no se vaya a la quiebra, sea vendida o prescindan de tus servicios, con lo cual dedicas tus años más productivos a una organización que no te ofrece mayores garantías para tu futuro. No obstante, el 95% de la sociedad vive en este cuadrante, bajo una falsa seguridad, y las directrices que dictan los dueños de las empresas y el vaivén del mercado laboral.

II) **AUTOEMPLEADO O TRABAJADOR INDEPENDIENTE:** El autoempleado es una persona que goza de cierta libertad, ya que decide en qué, cuándo y cómo trabajar, sin recibir órdenes de superiores. No cuenta con la estabilidad económica del empleado. Por otra parte, si no sale a trabajar -ya sea por razones de salud, vacaciones o cualquier inconveniente que se le presente- no gana dinero, y no será capaz de cubrir sus gastos del día a día, a menos que sea muy organizado(a) y tenga ahorros que le permitan ausentarse de su labor.

III) EMPRESARIO: Por su parte el empresario es dueño de su negocio, tiene personas a su cargo y la empresa funciona, aunque él/ella no esté presente. Las ventajas de esta opción son ampliamente conocidas por todos, ya que muchos de nosotros soñamos con convertirnos en empresarios exitosos.

Lo que pocas veces se dice es que, detrás del éxito empresarial hay varios fracasos previos, un sacrificio en el que muchas veces se pone en un segundo lugar el descanso, la recreación y la familia; y un espíritu inquebrantable que hace que el empresario se levante una y otra vez ante los obstáculos.

IV) INVERSOR: Este es el cuadrante en el que a cualquier persona le gustaría estar, ya que brinda la llamada "libertad financiera". En este cuadrante no trabajas por dinero, haces que el dinero trabaje para ti.

Kiyosaki sugiere que, para tener libertad financiera —y de movimiento— debes trasladarte del cuadrante de **empleado** o **autoempleado** al de **empresario** o de **inversionista**. En realidad, se dice fácil, pero dar ese paso en nuestras vidas no resulta tan sencillo. Muchas veces nos apegamos a nuestra zona de confort —lo que conocemos y nos hace sentir seguros— y preferimos *soñar* con eso que queremos, mas no hacemos lo necesario para hacerlo realidad porque el temor nos inmoviliza. ¿Te suena familiar?

No obstante, si decides seguir el consejo de **Kiyosaki** y moverte de cuadrante, la pregunta que sigue sería: ¿qué debo hacer para conseguirlo? Lo primero sería saber en qué cuadrante quisieres estar: si deseas pasar al cuadrante de autoempleado, al de empresario o al de inversionista. Con esto en mente, ya tendrás mucho más claro el panorama y puedes diseñar un plan de acción a largo plazo, acompañado de actuaciones a mediano y corto plazo.

¿Por qué debes empezar con un plan a largo plazo y no uno a corto plazo? El plan de largo plazo te dará la visión de adónde quieres llegar, en qué te quieres convertir: ¿un(a) empresario(a)? ¿Un(a) inversionista? ¿O, simplemente, trabajar por tu cuenta? Es muy importante tener claro esto. A continuación, debes definir las acciones que comenzarás a implementar desde hoy para que esa visión se cumpla.

Por ejemplo, si decides que quieres convertirte en empresario(a), tener claro tu propósito y en qué quieres emprender te dará la visión y la motivación para diseñar y poner en práctica, día a día, tu plan de acción.

En ese orden de ideas, si cuentas con algunos ahorros, ya tienes un camino andado. Puedes decidir ahorrar un poco más, apartando un 10, un 15 o 20 % de tus ingresos mensuales, hasta llegar al monto que necesitas para arrancar las operaciones de tu empresa.

También puede darse el caso de que quieras comenzar pronto, pero no cuentes con todo el capital, sino solo un porcentaje del dinero que requieres. Entonces, tendrás que pensar en buscar socios o capital prestado para cubrir esa diferencia. Dependiendo del tiempo que estimes que te pueda llevar conseguir ese dinero, empezarás a definir posibles fechas para iniciar tu negocio.

Como ves, el plan de acción debe incluir la búsqueda del capital y otros aspectos trascendentales, como qué vas a hacer con el trabajo que desempeñas actualmente, en caso de estar empleado(a), o si necesitas continuar en ese trabajo porque debes cubrir los costos del estilo de vida al que estás acostumbrado(a). De ser así, debes decidir cuánto tiempo al día —y en qué horario— le vas a dedicar a tu emprendimiento una vez que arranque, de manera que puedas compaginarlo con tu actividad laboral actual.

Si tienes hijos, deberás considerar con quién van a estar los niños mientras trabajas, si necesitas buscar apoyos y si puedes cubrir los costos que esto implica o si le puedes pedir a algún familiar que te ayude con ellos o si trabajarás después de que los niños se vayan a la cama. También deberás considerar si tu pareja te apoya en todos estos cambios que tendrás que implementar en tu día a día y acordar con tu familia el tiempo de la semana que les vas a dedicar.

Todo ello forma parte de tu plan de acción. Así, lo mismo sucede también con otros aspectos básicos, como si vas a emprender solo(a) o si necesitas contar con un equipo de trabajo y si esas personas serán tus socios e invertirán en el negocio o si les debes pagar un salario desde el principio, ya que esto implica incluir estos costos dentro de las proyecciones financieras de la empresa.

Otro aspecto que debes considerar, además de la inversión inicial, es cuáles serán tus costos fijos mes a mes, para que tengas en cuenta ese dinero como parte del capital de arranque, ya que no sabes cuánto tiempo le llevará a la empresa llegar a su punto de equilibrio —los ingresos que debes obtener para cubrir todos tus costos sin obtener aún ninguna utilidad—.

Para saber cuántos meses debes apartar de tu capital para cubrir los costos fijos es importante que, dentro del análisis de viabilidad, incluyas una proyección de ingresos y egresos de, al menos, un año.

Todos estos aspectos, y muchos más, deberán ser tomados en cuenta en el momento de diseñar tu plan de acción, si en verdad estás decidido(a) a moverte hacia el cuadrante de empresario(a). No obstante, es posible hacerlo si eres lo suficientemente disciplinado(a) y perseverante.

Recuerda que todo empieza por ahorrar un porcentaje de tus ingresos y aprender sobre el negocio en el que te gustaría emprender o, si te interesa más el cuadrante de **inversionista**, formarte en temas más especializados que te permitan hacer inversiones inmobiliarias, *trading* —compra y venta de acciones o criptomonedas—, entre otras.

Al final, todo se reduce a establecer metas a corto, medio y largo plazo, ahorrar y mantenerte informado(a) de todo lo que sucede en el sector que te interesa en aspectos tales como: perfil de tu cliente objetivo, tendencias del mercado y qué hacen los empresarios o inversionistas que han tenido éxito.

En mi caso en particular, mientras trabajaba en la universidad como profesora, me encontraba en el cuadrante de **empleado(a)**, pero, al mismo tiempo, confeccionaba, compraba y vendía distintos productos —cuadrante de **autoempleado(a)**—. Poco a poco, acumulé un pequeño capital con el que pude empezar a invertir en bienes raíces —cuadrante de **inversionista**—.

En estos momentos, puedo decir que renuncié completamente al cuadrante de **empleado(a)** para asumir el rol de **empresario(a)** —con trabajadores a mi cargo—, aunque sigo manteniendo algunas inversiones inmobiliarias y he incursionado en pequeñas adquisiciones de criptomoneda —cuadrante de **inversionista**—. De lo que se trata, al menos para mí, es de ir ganando independencia económica y libertad de movimiento.

En mi caso, eso se traduce en poder viajar y atender mis asuntos desde cualquier lugar del mundo, así como poner al dinero a trabajar para mí, en lugar de pasar toda la vida trabajando para ganar dinero y sobrevivir.

Ahora bien, según este planteamiento de **Robert Kiyosaki,** te invito a responder las siguientes preguntas:

¿En qué cuadrante consideras que estás en estos momentos?

_____

_____

¿En cuál o cuáles te visualizas en el futuro?

_____

_____

¿Qué estás dispuesto(a) a hacer para lograrlo?

_____

_____

¿Qué pasos deberías tomar para alcanzar tu objetivo? Recuerda ir del largo al corto plazo, en ese orden:

1. _____
2. _____
3. _____
4. _____

CAPITULO VII

LA IMPORTANCIA DE LOS VALORES EN TU VIDA

¿Por qué decidí incluir un apartado que tenga que ver con los valores en un libro sobre emprendimiento?

Hace años me topé con un ejercicio (*Guía fácil de PNL,* 2001), que les propongo en este apartado. El ejercicio me hizo reflexionar sobre la importancia de los valores para generar plenitud en la vida y, por el contrario, descontento e infelicidad cuando estos no se reflejan en lo que hacemos.

Parece mentira, pero los valores son un aspecto del que, en muchas ocasiones, no tenemos consciencia, pero que resulta fundamental para lograr ese estado de paz y plenitud que todos anhelamos.

Pero ¿cómo sabemos que algo es valioso para nosotros? Podemos darnos cuenta cuando lo que hacemos o lo que nos ocurre nos genera mucha satisfacción o, por el contrario, mucha insatisfacción.

Para explicar esto mejor, te pongo un ejemplo. Si, para mí, la libertad es un valor muy preciado —lo cual es así realmente en mi caso— y estoy en un trabajo ocho o diez horas al día en una oficina y se dificulta pedir un permiso para salir a hacer algo importante —como llevar a mi hijo al médico o cumplir con importantes compromisos familiares—, podríamos decir que el valor libertad no está presente en mi día a día. Entonces, es posible que mi trabajo no me genere mucha satisfacción.

Llevémoslo a otro aspecto de la vida. Si, para mí, el valor libertad es muy importante y estoy con una pareja que me prohíbe ir a tomarme un café con un amigo(a) o que salga de viaje por mi cuenta —porque él no puede acompañarme—, entonces, al no verse cumplido el valor libertad, esta va a ser una relación que me va a generar mucha insatisfacción.

Por otra parte, si tengo un trabajo con un horario flexible, donde yo pueda, de ser necesario, llegar más tarde y al final del día recuperar las horas perdidas o en el que pueda trabajar desde casa porque necesito cuidar a mi hijo(a), que está enfermo, cumpliendo con los objetivos planteados, entonces, ese va a ser un trabajo que me va a generar satisfacción, porque está equilibrado con el valor libertad.

Entonces, ¿cómo podemos saber cuáles son esos valores no negociables para nosotros? Precisamente, pensando en todo aquello que nos da mucha satisfacción o mucha insatisfacción cuando este valor se cumple o no.

Para ayudarte a encontrar esos valores, te presento una tabla donde tienes una lista de algunos de ellos, para que te preguntes cuáles son **no negociables** para ti.

No obstante, puedes incluir cualquier otro que no esté en la tabla. La idea es que elijas **los cinco más importantes** para ti y hagas el ejercicio que te presento a continuación, el cual yo desarrollé como ejemplo, para que lo puedas replicar con mayor facilidad.

Amistad	Dignidad	Poder
Amor	Entusiasmo	Rendimiento
Aprender	Espiritualidad	Responsabilidad
Aprendizaje	Honradez	Reto
Armonía	Humor	Sabiduría
Aventura	Independencia	Seguridad
Belleza	Individualidad	Sencillez
Cambio	Justicia	Servicio
Capacidad	Libertad	Singularidad
Comunidad	Mejora del Mundo	Suerte
Conocimiento	Movimiento	Tolerancia
Creatividad	Orden	Valentía
Cumplimiento	Paz	Verdad

Fuente: Guía Fácil de PNL, 2001

Usarás los cinco valores que ya elegiste y, al menos, cuatro actividades que haces con regularidad en tu vida como: tu trabajo, un *hobby*, deporte, reunirte con amigos(as), tu relación de pareja o con tus hijos y, si ya tienes en mente o en funcionamiento alguna idea de negocio, también debes incluirla en este ejercicio.

Entonces, del lado izquierdo de la tabla, en las filas, vas a colocar todas las actividades que elegiste y, en las columnas, irán los valores que identificaste.

Lo que debes hacer luego es darle una puntuación del 1 al 5 a la intersección entre cada actividad con cada valor, donde *1 significa que ese valor no se ve reflejado para nada en esa actividad y 5, que ese valor se expresa al máximo en esa actividad.*

Por ejemplo, volviendo al caso de la libertad, si yo estoy en un trabajo que no me permite salir de la oficina ni por un momento, yo podría asignar una puntuación de 1 a mi trabajo, es decir, que no siento que tenga ningún tipo de libertad en ese empleo. Por el contrario, si estoy en una ocupación donde el horario es flexible, puedo trabajar por objetivos o alternar entre la casa y la oficina, quizá 4 o 5 sería una puntuación adecuada para la actividad **«trabajo»**.

Esta misma lógica la vas a aplicar a cada actividad en relación con cada uno de los cinco valores y, posteriormente, vas a sumar todas las filas y a totalizar en la última columna. Finalmente, aquellas actividades con la puntuación más alta son las que generan más satisfacción en tu vida, porque en ellas se cumplen la mayor cantidad de valores que son trascendentales para ti.

Este ejercicio es muy importante porque te ayudará a reflexionar y a darte cuenta —muchas veces no somos conscientes— de cuáles son esas actividades, situaciones o relaciones que te están generando satisfacción o insatisfacción. También entenderás cómo los valores inciden en el objetivo de alcanzar la plenitud y el equilibrio en tu vida.

Una vez finalizado el ejercicio, te invito a tomar una hoja y a escribir todo lo que te venga a la mente respecto a qué descubriste a través de esta práctica, sobre todo aquello de lo que no eras consciente respecto a cada una de estas actividades o relaciones. También te invito a pensar cómo podrías transformar alguna(s) de ellas para que te brinden un mayor nivel de satisfacción. Si logras detectar que puedes hacer un cambio en alguna, te recomiendo reescribir la tabla, poner la actividad con el cambio y repetir el ejercicio.

Por ejemplo, si ya tienes un trabajo nuevo en puerta y conoces sus características, puedes agregar la fila de este empleo y reescribir el cuadro agregándola, de manera que puedas comparar con el trabajo que estás desempeñando actualmente para ver qué diferencias se generan. Es importante que lo hagas solo si ya tienes claras las características de ese nuevo trabajo. No lo hagas con una idea muy general —o incluso utópica— o no muy definida sobre cuál sería ese cambio que estás incorporando en la actividad.

A continuación, te muestro mi ejemplo. Puedes entrar al código QR, donde hago el ejercicio paso a paso, de manera que puedas ir deteniendo el video e ir haciéndolo conmigo. O, simplemente, léelo en las siguientes páginas para tener una idea más clara de lo que debes hacer para llenar tu propia tabla.

Actividades que me generan plenitud
CONTENIDO MULTIMEDIA. SECCIÓN 2

Valores importantes para Irulú:

I. *Libertad*
II. *Autenticidad*
III. *Ayuda a otros*
IV. *Pasión*
V. *Rentabilidad*
VI. *Libertad financiera*

Acá te dejo mi tabla terminada como modelo.

Actividades/ Valores	I	II	III	IV	V	VI	Total
Mentora de Emprendimiento	2	4	5	5	3	3	22
Autora Independiente y Conferencista	5	5	4	4	3	4	25
Empresa WikiUp (https://wikiup.school/)	3	3	4	3	3	4	20
Empresa Nuova (www.nuovastore.com)	5	5	4	4	3	5	26
ONG Emprecolven (https://emprecolven.org)	3	4	5	4	1	1	18
Hacer y vender manualidades	5	3	2	4	1	1	18

Este ejemplo que comparto contigo está construido con base en las principales actividades que desempeño y los valores más importantes para mí. Para ponerte en contexto, **WikiUp** es una academia de idiomas española, de la que soy franquiciada máster (persona encargada de vender y asesorar franquicias en un país completo) para Colombia y Ecuador. **Nuova** es una novedosa empresa que estamos iniciando en Venezuela que busca apoyar a emprendedoras a través de la venta de cosméticos y productos de cuidado personal de marcas reconocidas a bajos precios, así como formación y empoderamiento en temas de ventas, desarrollo personal y maquillaje, para que puedan mejorar sus ingresos y calidad de vida.

Por último, **Emprecolven** es una ONG en la que apoyamos a emprendedores colombo-venezolanos en Medellín, a través de formación e interrelaciones con entidades del ecosistema de emprendimiento en esta ciudad.

Como puedes observar, en mi caso —y en este momento de mi vida—, solo hago actividades que me apasionen, incluso muchas veces relegando o posponiendo la recompensa económica, ya que el emprendimiento es una actividad que exige gran compromiso y dedicación por largos períodos de tiempo para poder recoger los frutos a nivel económico.

No ocurre lo mismo con la gratificación emocional, la cual debería estar presente desde el primer momento, puesto que, de lo contrario, no tendrás la motivación necesaria para enfrentarte a los obstáculos que se presenten en el camino, y justo de eso se trata este libro.

Como puedes ver en mi ejercicio, las actividades que mejor se compaginan con mis valores son dos. Por un lado, la empresa **Nuova**, que en este momento está en la fase de concepción del modelo de negocio y pilotaje, que es la etapa que más disfruto de un emprendimiento. A esta actividad le sigue ser autora independiente de libros y mentora de emprendimiento, actividades que en este momento se encuentran también en etapa temprana, pero que tienen un alto potencial para brindarme libertad financiera en el futuro.

Como ves, este ejercicio es muy flexible, ya que puedes incluir actividades presentes o futuras —cuidado con que no sean utópicas o poco probables de llevar a cabo—, lo que te puede ayudar a aclarar distintos escenarios en los que podrías o no involucrarte. Te recomiendo que, de ahora en adelante, tengas muy presentes estos valores y que, cada vez que te preguntes si debes o no asumir una nueva responsabilidad o iniciar una nueva actividad en tu vida —más aún si te consume una buena porción de tu tiempo—, tomes en cuenta cuánta satisfacción te generará según tus valores primordiales.

Espero, en verdad, que este ejercicio te haya gustado y te haya servido de tanta utilidad como lo fue para mí cuando lo hice por primera vez.

Parte 3:
EMPRENDE EN TU PROPÓSITO

CAPÍTULO VIII

ENCUENTRA TU PROPÓSITO A TRAVÉS DEL IKIGAI

Algunas personas siguen su pasión, pero, al no tener una fuerte convicción, se desaniman cuando sus sueños no se concretan. Otros se resignan a carreras que les dan dinero y estatus, mas haciendo cosas que no les apasionan. Algunos trabajan en lo que les gusta, en lo que son buenos, y obtienen sustanciosos ingresos, pero sienten que no marcan ninguna diferencia en el mundo. Todos los casos tienen algo en común: hacen que nos sintamos vacíos.

La respuesta a por qué es tan difícil encontrar nuestro propósito es porque nadie nos mostró el camino. Nos enseñaron a enfocarnos afuera, en cosas externas. No sabemos que el propósito está dentro de nosotros mismos y solo hace falta que nos reconectemos con él.

Ocurre como cuando algo está en el fondo de un cajón, escondido entre muchas cosas y tan empolvado que no podemos verlo. Pero, si vamos quitando todo lo que lo tapa y el polvo de la superficie, llegamos hasta lo profundo y ese objeto que estaba oculto va adquiriendo color y brillo propio. El *ikigai* es una herramienta práctica que te ayudará a encontrar eso que está en el fondo de tu interior: tu **propósito en la vida**.

No tengo palabras para explicar cómo esta herramienta me ha ayudado a definir y perfilar mi propósito, entendiendo que no solo se trata de la satisfacción personal que me proporciona el ayudar a otros, sino que, para que sea algo que permanezca en el tiempo, debe convertirse en una actividad que me genere ingresos para tener la calidad de vida que deseo y merezco. Pero no me quiero anticipar demasiado, así que, antes de nada, te voy a contar de dónde proviene el concepto de *ikigai*.

Según los naturales de Okinawa (Japón), la isla con mayor índice de centenarios del mundo, el *ikigai* es la razón por la que nos levantamos por la mañana. **«iki»** significa **«vida»**, en tanto **«gai»** puede traducirse como **«valor»** o **«razón», es aquello que da sentido y motivación a nuestra existencia.**

El concepto de *ikigai* se popularizó gracias a un libro escrito por los españoles Héctor García y el periodista Francesc Miralles: ***Ikigai, los secretos de Japón para una vida larga y feliz***, publicado en 2016 por Ediciones Urano, del que se vendieron más de 250.000 ejemplares y que fue traducido a más de cincuenta idiomas.

García y Miralles viajaron a un pueblo de Okinawa y preguntaron a los ancianos qué era lo que les movía a vivir durante tantos años. La palabra que solían pronunciar era *ikigai*.

Otro aspecto interesante a los que los autores hacen alusión es que muchos de los centenarios entrevistados tienen la sensación de que su larga existencia se ha pasado volando. Esto está relacionado con otro de los conceptos asociados al *ikigai*, la sensación de fluir cuando estamos haciendo una tarea que nos encanta.

El objetivo del *ikigai* es, pues, identificar aquello en lo que eres bueno(a), que te dé placer al realizarlo, que te paguen por ello y que, además, sepas que aporta algo al mundo. Cuando lo llevas a cabo, tienes más autoestima, porque sientes que tu presencia en el mundo está justificada. Según Miralles, la felicidad es, entonces, la consecuencia.

Curiosamente, en japonés, no hay una palabra que signifique jubilarse con el sentido exacto de retirarse para siempre, tal como tenemos en Occidente. De esta manera, al mantener un propósito vital, no te retiras del todo o te apartas a cierta edad, a diferencia de lo que ocurre con nuestro concepto de jubilación.

Los habitantes de Okinawa, además de vivir muchos más años que el resto de la población mundial, padecen menos enfermedades crónicas, los casos de demencia son menos abundantes que la media mundial y, en general, hombres y mujeres mantienen un nivel elevado de hormonas sexuales hasta edades muy avanzadas. Algunos detalles más sobre el estilo de vida de los habitantes de Okinawa son:

- Todos pertenecen a alguna asociación de vecinos que se convierte en su segunda familia.
- Celebran mucho, incluso las pequeñas cosas. La música, cantar y bailar es parte importante de su día a día.
- Poseen un **Ikiga**i, pero tampoco se agobian por ello. Hay relajación y disfrute en lo que hacen.
- Están muy orgullosos de sus tradiciones y de la cultura local.
- Muestran pasión por todo lo que hacen por poco importante que parezca.
- El "espíritu de cooperación mutua" está firmemente asentado dentro de su corazón. No sólo se ayudan en labores agrícolas, sino también a la hora de construir una casa o de prestarse como voluntarios en obras públicas.
- Están siempre ocupados, pero con tareas diversas que les permiten relajarse. Siempre están moviéndose de aquí a allá.

La representación gráfica del *ikigai* es parecida a los pétalos de una flor, tal y como puede verse en el gráfico anterior: lo que amas, en lo que eres bueno, aquello con lo que puedes ganarte la vida y lo que necesita el mundo de ti. Solo en la confluencia de todos ellos se encuentra tu *ikagai*, *tu razón de ser*. Por eso, nada de lo anterior separado de lo demás es suficiente. El *ikigai* se conforma por un delicado equilibrio entre todas esas partes.

Lo mejor del *ikigai* es que sirve como una brújula para tomar decisiones en la vida. Tu *ikigai* sintetiza el concepto del propósito, así que, cuando conozcas esas áreas y las alinees entre sí, tendrás muy claro cuál es tu foco y hacia dónde tienes que ir.

Cuando vives tu *ikigai*, no solo manifiestas tu esencia y le das sentido a tu vida, sino que también irradias con tu luz a otras personas, que se preguntarán qué haces para vivir de esa manera, los inspirarás para que crean en ellos mismos y busquen su propio camino.

Muchos de nosotros centramos nuestra realización personal en el aplauso o el reconocimiento externo, desconectándonos por completo de nuestra naturaleza, que está ansiosa por expresarse. Es así como el foco se pierde y nos volvemos esclavos del reconocimiento y no de crear con autenticidad.

Una vez aclarado qué es el *ikigai*, de dónde viene y su propósito, es hora de ponernos a trabajar. Busca de nuevo tu libreta y haz una plantilla del *ikigai*, que procederemos a llenar para encontrar ese propósito que puede estar empolvado en *lo profundo de tu se*r.

LOS GRANDES CÍRCULOS DEL *IKIGAI*

Tal como vimos líneas arriba, el *ikigai* se compone de cuatro grandes círculos. El ejercicio que harás consta de escribir todo lo relacionado con cada uno de los cuatro aspectos básicos de una vida con propósito: *lo que amas hacer, en lo que eres bueno(a), lo que te pagan por hacer y lo que el mundo necesita de ti.*

Vamos a ir trabajando en cada uno de ellos. Yo te iré acompañando en este ejercicio, mostrándote cómo fui descubriendo mi propio *ikigai.*

Al final de este capítulo, te comparto el *link* a un *webinar* que dicté para una comunidad de bienestar sobre cómo lograr, paso a paso, tu *ikigai*. Quizás quieras verlo antes de iniciar el tuyo.

Antes de comenzar, te invito a hacer esta pequeña meditación, la cual debes repetir si te detienes y vuelves a retomar el ejercicio en otro momento.

Meditación previa *ikigai*
CONTENIDO MULTIMEDIA. SECCIÓN 3

I) LO QUE AMO HACER

Lo primero que vas a anotar es todo aquello *que amas hacer*. Para ayudarte un poco, te haré algunas preguntas. Respóndelas y, luego, haz una lista de al menos cuatro cosas que realmente amas hacer.

¿Qué es eso que, cuando lo haces, pierdes la noción del tiempo?

_____

_____

_____

¿Qué serías capaz de hacer, aun sin que te pagaran, porque te hace sentir pleno(a)?

_____

_____

_____

¿Qué es aquello que podrías hacer un día tras otro, sin sentirte aburrido(a) o cansado(a)?

_____

_____

_____

Te doy mi propio ejemplo:

LO QUE IRULU AMA HACER

- *Viajar/Conocer lugares nuevos*
- *Crear ideas/proyectos que ayuden a otros a solucionar problemas y mejorar su calidad de vida*
- *Crear objetos con mis manos (manualidades)*
- *Crear historias: Escribir*
- *Compartir con personas afines (café, proyectos)*

Ahora es tu turno. No te desanimes si no te sale a la primera. Si rellenaste las preguntas que te sugerí arriba, te será mucho más fácil hacerlo, pero construir tu *ikigai* es un proceso que puede demorar varios días, así que ¡adelante!

LO QUE [TU NOMBRE] AMA HACER

_____

_____

_____

II) EN LO QUE SOY BUENO(A)

Este es un excelente ejercicio para reconocer en nosotros mismos(as) esas cosas en que somos buenos(as), pero por las que, al hacerlas naturalmente o sin esfuerzo, no nos damos crédito. Recuerda que cada ser humano posee dones que otros no tienen y no es falta de modestia entender cuáles son los tuyos.

Para este ejercicio, relájate tomando varias respiraciones profundas, busca lápiz y papel y comienza a escribir lo que venga a tu mente sin juzgarlo. Luego, tendrás tiempo de revisarlo en detalle. Si, aun así, te quedas en blanco, pide ayuda a las personas más cercanas a ti. De seguro, descubrirás que eres buena en muchas más cosas de las que creías. Nuevamente, te daré como ejemplo mi propio caso.

EN LO QUE IRULU ES BUENA

- *Apoyar y dar ideas creativas a otros*
- *Planificar, dirigir y organizar proyectos (trabajo en equipo)*
- *Comunicar ideas de manera clara/Enseñar*
- *Escribir*
- *Soñar/Imaginar y materializar soluciones concretas*

EN LO QUE [TU NOMBRE] ES BUENO(A)

_____

_____

_____

¿Cómo te fue en esta parte del ejercicio? ¿Descubriste cosas de ti mismo(a) que no conocías? Aún queda mucho más, así que ¡sigamos!

III) POR LO QUE ME PAGAN

Piensa por un momento: ¿qué es eso por lo que te pagan actualmente o por lo que podrías, en el futuro cercano, obtener un beneficio económico?

En mi caso, decidí dividirlo en dos partes: aquello por lo que me pagan en el presente y aquello por lo que espero me paguen en el futuro cercano, porque son actividades que ya estoy desarrollando en mi presente.

En esta parte fue muy interesante darme cuenta que por lo que me pagan en este momento es bastante distinto de aquello por lo que quiero que me paguen, lo cual para mí implica varias cosas:

1. Me estoy desgastando en demasiadas actividades simultáneas a la vez:

   a) Algunas por apego a proyectos a los que les he dedicado mucho tiempo y esfuerzo durante años, pero que están estancados y no me generan ingresos, y aun así no quiero dejarlos ir.

   b) Otras que sí me permiten generar ingresos hoy en día

c) Otras en las que me estoy preparando para eso a lo que me quiero dedicar en el futuro cercano.

Esto de alguna manera se va registrando en mi cuerpo en forma de agotamiento y ansiedad (por mi deseo de hacer todo y hacerlo bien).

2. Al no enfocar mi tiempo y energía en una o dos actividades como máximo, es más difícil que las cosas avancen rápidamente, como me gustaría que fuese.

Sin duda que darme cuenta de esto representa un antes y un después, en cuanto a dónde dirigir mis esfuerzos, así como una manera mucho más sencilla de filtrar nuevas ideas o proyectos para decidir si debería hacerlos o no. Y esto es, justamente, lo que quiero que tú logres hacer.

Te muestro tal cual lo hice, pero tú puedes llevarlo a cabo como prefieras o como mejor se adapte a tus circunstancias de vida:

POR LO QUE LE PAGAN A IRULU AHORA MISMO

- *Por ser franquiciada master de las academias WikiUp en Colombia y Ecuador*
- *Como socia y gerente de compras de la empresa GLOBALL.*

POR LO QUE QUIERO QUE ME PAGUEN EN EL FUTURO CERCANO

- *Beneficios anuales de mis emprendimientos.*
- *Webinars, BootCamps y Mentorías de emprendimiento*
- *Ventas de mis libros*

Ahora vamos contigo:

POR LO QUE LE PAGAN A [TU NOMBRE]

_____

_____

_____

IV) LO QUE EL MUNDO NECESITA DE MÍ

¿Qué es eso que sientes que el mundo necesita de ti? En otras palabras, ¿qué es lo que crees que puedes aportar al mundo?

Si es la primera vez que te haces esta pregunta, quizás te parezca rara e incluso difícil de responder. No solemos vernos más allá de nuestro círculo cercano. Quizás, si te preguntara qué es lo que tu familia, tu pareja o tus hijos —si los tienes— necesitan de ti, sería más sencillo, pero, en realidad, esto va mucho más allá.

Todos venimos al mundo con algunos dones y podemos realizar actividades o disciplinas para las que tenemos una cierta facilidad —puede ser aquello en lo que eres realmente bueno(a)—. En muchos casos, esos dones se te entregan para que tú los aportes al mundo. No tiene por qué ser nada enorme o complejo, al contrario, pueden ser cosas que entregas a otros en tu día a día.

Quizás se te da muy bien hornear pasteles y haces muy feliz a la gente cuando los comen, porque son muy ricos y en ellos entregas todo tu amor. Por eso, no quiero que pienses que lo que el mundo necesita de ti es algo enorme o complicado, porque no es así.

Tal vez, tu don es criar hijos felices y ese es tu gran aporte y, mientras lo haces, lo disfrutas porque realmente amas estar allí para ellos. Quizás tu don es enseñar a niños en un preescolar y lo haces de una manera tan particular que esos niños se convierten en seres humanos grandiosos. No sé cuál es tu don, pero estoy segura de que lo tienes. Todos lo tenemos.

Nuevamente, si te cuesta verlo, pregunta a otros que te conozcan bien. Obviamente, tu respuesta podrá ser subjetiva, ya que se trata de tu punto de vista, y eso está bien. Así que no intentes que tu opinión coincida con la de otras personas ni temas que lo que escribas esté correcto o no. Esos calificativos no caben acá.

Una vez tengas claros tus dones, busca un espacio tranquilo —si puedes, pon una música de fondo de tu agrado—, relájate, toma varias respiraciones profundas y responde:

¿Qué es lo que el mundo necesita de mí? O, puesto de otra manera, ¿qué es lo que puedo aportar al mundo para hacerlo un lugar mejor para vivir?

_____

_____

_____

Te dejo por acá mi respuesta a esta pregunta. Yo decidí asociarla con actividades o emprendimientos que ya estoy haciendo o que pienso realizar en el futuro cercano, pero no es necesario que lo hagas así. Con escribir una sola frase, es suficiente.

LO QUE EL MUNDO NECESITA DE IRULU:

- *Más emprendimientos con propósito (Libros/Webinars/Mentorías)*
- *Más mujeres emprendedoras empoderadas (NUOVA)*
- *Abrir mayores oportunidades laborales y de calidad de vida (WikiUp)*

Ahora es tu turno,

LO QUE EL MUNDO NECESITA DE [TU NOMBRE]

_____

_____

_____

LAS CUATRO INTERSECCIONES DEL *IKIGAI*

Cada uno de los círculos se interceptan con dos más, dando origen a **cuatro intersecciones previas** a la mayor de ellas: el *ikigai*. Vamos a ir viendo qué elementos tienen en común cada uno de los cuatro círculos con los que están a su lado. Esto nos permitirá conocer nuestra *PASIÓN, MISIÓN, VOCACIÓN Y PROFESIÓN*.

PASIÓN: Proviene de la intersección entre aquello en lo que  eres bueno(a) y que, además, amas hacer. Es un elemento muy importante en el emprendimiento, ya que puedes sentir cuándo alguien se apasiona por lo que hace y se lo ofrece al mundo con sus productos o servicios. También le ayuda al transmitir su idea y lograr adeptos que lo apoyen para avanzar.

Para encontrar tu pasión, te recomiendo que copies aquellas actividades que más se repiten en el apartado «Lo que amas» y «Para lo que eres bueno(a)».

Recuerda que estás penetrando muy profundo en tu interior, por lo que te aconsejo que busques un lugar tranquilo, sin interrupciones, pongas una música suave y te relajes haciendo varias respiraciones profundas.

Notarás que tu cerebro te dice algunas cosas, pero tu corazón pareciera sugerirte otras distintas. Una buena manera de llegar al fondo es hacer caso a tu corazón. Si, al releer lo que escribiste, logras sentir paz y alegría, vas por buen camino. Si, por el contrario, te sientes estresado(a) o abrumado(a), quizás esa *pasión* venga más marcada por el deber que por tu *ser interno*. No te sientas mal por eso, recuerda que esto es un proceso. Te invito a que te detengas, hagas cualquier otra cosa y retomes nuevamente la actividad cuando te sientas tranquilo(a) y puedas darte el tiempo para avanzar.

Nuevamente, te comparto mi ejercicio para que te sirva de guía. Lo hice en dos pasos. En el primero, copié y pegué aspectos de los dos círculos involucrados, contiguos a la intersección de **pasión** *(EN LO QUE SOY BUENA y LO QUE AMO HACER)*, intentando hacer una combinación que tuviera sentido para mí.

En el segundo paso, eliminé algunos elementos para que sonara de manera clara y precisa y, luego, a través de la redacción, le fui dando forma para que tuviera sentido al leerlo, de tal forma que pudiera compartirla fácilmente con otros.

LA PASIÓN DE IRULÚ (PASO 1):

Apoyar a otros a crear ideas o proyectos con propósito, que contribuyan a mejorar la calidad de vida de sus clientes. Ello, a través de **libros** (escribir y comunicar ideas), **webinars y bootcamps** (dirigir y organizar equipos, comunicar ideas de manera clara y enseñar), **mentorías** (aconsejar y dar ideas creando soluciones basadas en el cliente).

LA PASIÓN DE IRULÚ (PASO 2):

Apoyar a otros —a través de libros, webinars y mentorías— a crear proyectos con propósito que contribuyan a mejorar la calidad de vida de sus clientes y sus colaboradores.

Ahora es tu turno. Recuerda que no es fácil ni difícil, solo un poco de carpintería —copiar y pegar—, más un tanto de conexión contigo mismo(a). Si no lo logras ahora, no pasa nada, retómalo en otro momento, pero, por favor, no avances hasta que estés conforme con tu respuesta.

LA PASIÓN DE [TU NOMBRE] ES:

_____

_____

_____

PROFESIÓN: Este concepto es bastante conocido para

nosotros. Si quieres conseguir que te paguen bien por tu trabajo, deberías ser bueno(a) en él —no ocurre todo el tiempo, pero es lo ideal—. Sin embargo, muchas personas están en la profesión correcta y ganan bien, pero no hacen aquello que realmente aman o no sienten que están realizando un aporte significativo a su comunidad o al mundo.

En mi caso, soy buena en dirigir y organizar proyectos, pero lo disfruto más en su fase inicial. Una vez que se estabilizan, puedo comenzar a sentir un poco de tedio o aburrimiento y prefiero delegar la carpintería y las tareas del día a día. Esto no quiere decir que me niegue a hacerlas porque no me gustan —cuando es necesario, me ocupo personalmente—, es solo parte del proceso de conectarme conmigo misma, en el que me sincero y puedo decir: «Sí, soy buena en esto, pero no es algo que amo hacer indefinidamente».

Para mí, enseñar emprendimiento es un elemento que se repite en mi *pasión* y en mi *profesión*. Esto me va dando pistas en mi camino para descubrir mi ***ikigai***.

LA PROFESIÓN DE IRULU ES:

- *Dirigir y organizar proyectos en equipos*
- *Enseñar a través de libros, webinars y mentorías de emprendimiento a:*
  - *Generar ideas de negocio basadas en el propósito y las necesidades de los clientes*
  - *Soñar/Imaginar y materializar una idea de negocio*
  - *Planificar el arranque y los primeros años del emprendimiento*

Ahora cuéntame. ¿Cuál es tu profesión? Esta no estuvo tan difícil ¿verdad?

LA PROFESIÓN DE [TU NOMBRE] ES:

_____

_____

_____

VOCACIÓN: Cuando descubres lo que el mundo necesita y por lo que consigues que te paguen, esa es tu **vocación**. Observa que, en este caso, no estamos hablando de lo que amas hacer o de eso en lo que eres genial, solo de aquello en lo que consigues que te paguen —o sabes que puedes conseguir que lo hagan— y que puedes aportar a la sociedad.

Nuevamente, tal como lo hiciste anteriormente, vas a copiar y pegar aquellos elementos comunes en los dos círculos involucrados.

En mi caso, se ve así:

LA VOCACIÓN DE IRULÚ ES:

- *Apoyo a emprendedores en su proceso de arranque (libros, webinars, conferencias y bootcamps, mentorías) para crear más emprendimientos exitosos y puestos de trabajo con propósito.*

Nuevamente, se hacen presentes las mentorías en emprendimiento. ¡Genial! Eso parece ser una pista en mi búsqueda del *ikigai*.

Es tu turno para descubrir tu vocación.

LA VOCACIÓN DE [TU NOMBRE] ES:

_____

_____

_____

_____

MISIÓN: La misión no es más que aquello que amas hacer

y que el mundo necesita de ti. Nos sentimos geniales cuando ponemos en práctica nuestra *misión*, porque sentimos que es un don que venimos a entregar al mundo.

No obstante, cuando construí mi *ikigai* —proceso del cual estás siendo testigo en primera fila—, me di cuenta de algo muy importante: aun cuando le dedico mucho tiempo a mi *misión* —lo cual hago a través de una organización sin fines de lucro para apoyar a emprendedores colombo-venezolanos en Medellín—, no obtengo ningún retorno económico. Esto no es muy bueno en este momento, ya que el tiempo es un recurso muy escaso para mí. Por esta razón, me debato entre dedicarlo a esta organización —de la cual soy fundadora y a la que amo— o emplearlo en aquellas actividades que sí me generan ingresos para tener la calidad de vida que deseo.

El *ikigai* te enseña que, para alcanzar la plenitud, debe existir un balance entre todos estos elementos que hemos visto, tal como explicaré más en detalle en un instante.

LA MISIÓN DE IRULÚ ES:

Apoyar a otros a crear ideas o proyectos con propósito, que generen realización consciente en sus líderes y colaboradores, así como bienestar, felicidad y calidad de vida para sus clientes.

Sé que encontrar tu **misión** puede ser un poco más retador que la *profesión*, pero recuerda que solo debes buscar los elementos en común entre lo que *amas hacer y lo que puedes aportar al mundo*. Según mi experiencia, hacerte la siguiente pregunta puede ayudar, así que nuevamente busca un lugar tranquilo, pon una música que te relaje, toma varias respiraciones profundas y responde:

¿A qué te dedicarías si tuvieses dinero ilimitado para todas tus necesidades y deseos (ya viajaste y conociste el mundo, qué harías después)?

_____

_____

_____

Cuando dejamos de lado todas nuestras «necesidades materiales» —lo pongo entre comillas porque no siempre son realmente nuestras y muchas las tomamos del entorno—, surge nuestro lado más caritativo. Ahora creo que sí estás listo(a).

LA MISIÓN DE [TU NOMBRE] ES:

_____

_____

_____

TU *IKIGAI*

Como te he venido diciendo, tu *ikigai* es aquello que, una vez que lo encuentras, hará que te levantes feliz y agradecido(a) todas las mañanas. Es eso que *amas hacer, en lo que eres realmente bueno(a), por lo que te pagan* y —como si fuera poco—*te hace sentir que te sientes pleno(a) al hacerlo*, porque sabes que *estás aportando un grano de arena para que este mundo sea un mejor lugar para vivir*.

Además, descubrir tu *ikigai* te ayudará a enfocar tus esfuerzos hacia esa actividad que te permitirá generar ingresos, con la calidad de vida que deseas y brindándote una sensación de balance emocional y económico. Asimismo, te permitirá filtrar nuevas actividades o proyectos que no estén orientados a la consecución de ese *ikigai*.

En el marco de este libro, nuestro reto es que ese *ikagai* pueda convertirse en esa actividad laboral o emprendimiento a los que decidas dedicarte a partir de ahora. Claro que en la vida todo es un proceso, por lo que quizás no sea algo que puedas iniciar mañana mismo, pero sí algo que puedas comenzar a planificar para tu futuro cercano. Esa es mi intención, ayudarte a que pueda ser de esa manera.

Ahora es el momento del mayor reto: encontrar ese *ikigai*. Teóricamente, debería provenir de la intersección entre los cuatro elementos que definimos anteriormente:

pasión, profesión, vocación y misión. Es por ello por lo que debemos buscar elementos en común entre estas cuatro facetas, es decir, aquellas cosas que se repiten, ya sea de manera exacta o que presenten similitudes.

Muy posiblemente, no es algo que surja a la primera que lo hagas. No te angusties. Mi sugerencia es que vuelvas a repasar todo desde el principio y revises si te faltó algo por agregar en *aquello que amas, para lo que eres bueno(a), por lo que te pagan o lo que el mundo necesita de ti.*

Si añades algo, revisa de nuevo ***pasión, profesión, vocación y misión*** y, por último, introduce los cambios en el *ikigai*. Repite esto tantas veces como sea necesario. Incluso te recomiendo hacerlo en momentos o días diferentes y no avanzar hasta que tengas algo, por poco que sea, que te dé una idea en qué deseas emprender a partir de tu *ikigai*.

Para llegar a tu *ikigai*, puede ser necesario algo más que apartarte y relajarte. Quizás debas conectarte con tu ser y preguntarte: *¿cuál es mi* **ikigai** *en la vida?* Luego, mantente en estado de calma y siente hacia dónde te lleva esa pregunta.

Estate atento(a) por si vienen imágenes o sensaciones a tu mente o a tu cuerpo que te den alguna pista. Si no sucede de inmediato —es lo más probable—, da gracias, con la certeza de que tu subconsciente encontrará la manera de hacértelo saber y sigue realizando tus actividades normales.

Puede que, cuando menos lo esperes, llegue una señal a ti en forma de alguien diciéndote algo, una película que estás viendo, un recuerdo de tu infancia, etcétera.

Otra recomendación que te doy es que, cada vez que puedas, medites, solo enfocándote en tu respiración. No es necesario que vuelvas a preguntar, ya la pregunta fue formulada y el Universo buscará la manera de darte la respuesta. ¿Estás listo(a) para que te muestre cómo quedó mi revelador y ambicioso *ikigai*?

EL IKIGAI DE IRULU ES:

- *Enseñar (a través de libros, cursos y mentorías de emprendimientos) a:*
  - *Generar ideas de negocio innovadoras basadas en el propósito y las necesidades de los clientes.*
  - *Soñar/Imaginar, materializar y validar una idea de negocio.*
  - *Planificar el arranque y los primeros años del emprendimiento.*
- *Gerenciar negocios propios con propósito, que sean innovadores, exitosos y escalables.*

Una vez que tengas tu *ikigai* listo, dale forma tantas veces como sea necesario, de tal manera que puedas plasmar en un párrafo *qué es eso a lo que te dedicarás* que te permita levantarte feliz de la cama todos los días.

EL IKIGAI DE [TU NOMBRE] ES:

_____

_____

_____

Ahora, con base en tu ***ikigai,*** escribe ***tres actividades profesionales o ideas de negocio*** con las que consideres que podrías ponerlo en práctica. Es muy importante que cada una de ellas cumpla con TODOS los elementos que se resumen en tu ***ikigai****: que ames hacerlo, que seas bueno(a) en ello, que te paguen y que le entregues algo al mundo.*

1. _____

2. _____

3. _____

A continuación, te propongo un ejercicio muy similar al que hiciste antes con los **valores**. Dibuja una tabla donde coloques, *en las filas*, las tres ideas que acabas de escribir y, *en las columnas*, los aspectos que te especifico. Luego, vas a asignar a cada uno de estos aspectos una *puntuación del 1 al 5*, **donde 1 es muy bajo o nulo y 5 es muy alto**. Los ocho aspectos por evaluar son:

1. *Conocimiento o experiencia previa.*
2. *Conocimiento del mercado objetivo.*
3. *Cuento con los recursos necesarios (dinero, talento humano).*
4. *Viabilidad a largo plazo de la idea.*
5. *Factor diferencial respecto a lo que hay en el mercado.*
6. *Viabilidad de ponerla en marcha hoy.*
7. *Nivel de disfrute.*
8. *Cómo de acorde está con mi IKIGAI.*

Luego, suma todas las puntuaciones de manera horizontal, coloca el total para cada idea en la última columna y observa cuál es la que te da el valor más alto.

¿De qué te das cuenta con este ejercicio?

Idea/ Calificación	1	2	3	4	5	6	7	8	Total
Idea 1									
Idea 2									
Idea 3									

Escribe tus conclusiones:

_____

_____

_____

La idea con el mayor puntaje es la más viable de realizar para ti en estos momentos, pues presenta el mayor potencial para convertirse en tu proyecto empresarial a largo plazo. Sin embargo, esta no es una camisa de fuerza. Es posible que sientas que una con menor puntuación obedece más a tu *ikigai* y te puedes visualizar a ti mismo(a) llevándola a cabo con alegría y emoción. En este punto, haremos caso a nuestra intuición y vamos a revisar si es posible que puedas mejorar la puntuación de esa idea de una manera sistemática para evitar que te hagas trampa a ti mismo(a) eligiendo la idea que ya tenías en mente.

Chequea si hay aspectos que puedas optimizar de esa idea que te inspira más, por ejemplo: mejorar tu conocimiento sobre las actividades neurales del negocio y tu conocimiento del mercado objetivo o conseguir los recursos necesarios.

Es importante que, si ajustas estos campos para esa idea que te entusiasma tanto, lo hagas también para las demás. Es decir, debes colocar un nuevo puntaje a las otras ideas, si es que consideras que puedes hacer algo para mejorar su ejecución, como mejorar tu conocimiento sobre el mercado objetivo en las otras ideas de negocio. Así que tacha la calificación anterior y escribe al lado la nueva puntuación en cada idea y vuelve a sumar.

¿Alguna diferencia? Si tu idea preferida sigue sin llegar al primer lugar, no lo fuerces. Puedes esperar unos días y repetir el ejercicio listando nuevas ideas que puedan ir surgiendo en tu mente. Esto no es algo que se haga de un día a otro, sino un proceso que se irá decantando en tu mente. Así que, si es necesario, tómate un respiro.

Por otra parte, si dos ideas tienen al final el mismo puntaje, intenta:

a) Ver si es posible agruparlas en una sola idea de negocio. Esto también lo puedes hacer aun cuando no resulten con la misma calificación si ves que son muy afines. En este caso, debes unirlas y hacer el ejercicio completo de nuevo con ambas como una sola idea.

b) Enfócate en la emoción, siente. Si tuvieras que elegir *desde el ser*, ¿cuál de las dos sería? Intenta visualizarte haciendo cada una de ellas, como si te estuviera pasando ahora mismo, y comprueba con cuál sientes mayor plenitud. Esa, ¡sí, esa es! Cree en ti y en tu intuición.

Para mí, mi *ikigai* es más que una razón para levantarme cada día, es mi norte y, a la vez, un gran reto de vida. Me encantará saber cómo quedó el tuyo. Escríbelo y compártelo conmigo en mis redes sociales.

Te dejo por acá el link del *webinar* sobre cómo encontrar tu propósito a través del *ikigai*, para que te sirva de guía e inspiración.

**CÓMO ENCONTRAR TU PROPÓSITO
A TRAVÉS DEL *IKIGAI***
CONTENIDO MULTIMEDIA. SECCIÓN 4

CAPÍTULO IX

MAPA DE SUEÑOS

Un tablero o **mapa de sueños** es un conjunto de imágenes en el que colocas todo eso que anhelas tener o experimentar en tu vida. Puedes realizarlo de manera física o en formato digital.

La visualización es uno de los ejercicios mentales más poderosos que existen para materializar lo que deseas y este mapa será el primer paso para hacerle saber a tu subconsciente qué es lo que quieres atraer a tu vida.

El **mapa de sueños** es la manera más sencilla de iniciarte en la **maestría de usar la ley de atracción a tu favor.** Ten por seguro que, una vez tengas claridad, tu subconsciente trabajará día y noche para lograr eso que sueñas.

En este mapa, puedes usar **fotos, dibujos, imágenes o** *stickers*, así como **frases y palabras** que te inspiren, te motiven y te ayuden a visualizar mejor tus sueños.

Debes ser lo más específico(a) posible en tus solicitudes, ya que la falta de exactitud se puede traducir en que lo que llegue a tu vida sea igual de impreciso y **no lo que realmente quieras y te haga feliz.** Te pongo un ejemplo. Si dices: «Quiero atraer a mi vida a un hombre rico que satisfaga todos mis caprichos», puede resultar un deseo tan genérico que podría poner en tu camino a un hombre rico y generoso pero comprometido.

Así que el primer paso es analizar **qué quiero para mi futuro**.

Para ello, toma una hoja y haz una lista con todo lo que deseas. Ten en cuenta que deben ser cosas realistas, descritas en primera persona y como si ya fuesen tuyas. Por ejemplo: «Me siento feliz y agradecido(a) por esta amplia y hermosa casa de tres habitaciones y dos baños, donde puedo hospedar a mi familia cuando viene de visita, y un patio amplio en el que disfruto compartiéndolo con amigos, en una urbanización cerrada, etcétera».

Los aspectos más comunes que se incluyen en un mapa de sueños son: finanzas, relaciones, carrera, amor, viajes, espiritualidad, salud y crecimiento personal. Acá los englobaremos en cuatro áreas: *ser, hacer, tener y relaciones*.

A partir de tus respuestas, decide qué quieres ver en tu tablero **ANTES** de comenzar. Es momento de elegir los elementos que vas a colocar en tu **mapa de sueños**. Reúne todos los materiales que necesitas:

- ✓ Revistas, imágenes o fotos.
- ✓ Una cartulina *bond* grande o un tablero de corcho.

✓ Tijeras y pegamento.

✓ Calcomanías o *stickers*.

✓ Lapiceros, marcadores o crayones.

Busca recortes de revistas o periódicos, frases, imágenes de internet y todo lo que encuentres que refleje tus metas. Recuerda combinar frases que te inspiren con tus imágenes, fotos y pegatinas. Deja volar tu imaginación y refleja todo lo que sueñas. *¡Estás a un solo paso de empezar a cumplir tus sueños!*

El formato y el contenido que usaremos para el **mapa de sueños** será una tabla como la que te presento a continuación:

Mapa de los Sueños

SER	HACER
Como ser humano y profesional: ✓ Ingeniero ✓ Papá o mamá	Acciones: ✓ Viajar ✓ Escribir un libro ✓ Convertirme en *influencer*
TENER	**RELACIONES**
Materiales e inmateriales: ✓ Un negocio ✓ Una casa ✓ Una ONG	✓ Pareja ✓ Familia feliz ✓ Colegas/amigos

Puedes hacerlo en una hoja de papel *bond* o, si lo prefieres y eres bueno(a) en ello, hacerlo con alguna herramienta digital.

Decidí actualizar mi **mapa de sueños** para que veas, de primera mano, cómo lo puedes hacer. Sin embargo, no hay una manera correcta o incorrecta de plasmarlo, así que usa toda tu creatividad para que este mapa sea una manera efectiva de conectarte con lo que anhelas.

**CÓMO CONSTRUIR TU
MAPA DE SUEÑOS**
CONTENIDO MULTIMEDIA. SECCIÓN 5

Luego de tener listo tu **mapa de sueños**, te sugiero que elijas un aspecto del mapa —**a los efectos de este libro, te recomiendo que sea tu propio negocio**— y hagas el siguiente ejercicio de visualización guiada que preparé para que sintonices tu energía con tu sueño, de manera que la ley de atracción comience a trabajar a tu favor.

VISUALIZANDO TUS SUEÑOS
CONTENIDO MULTIMEDIA. SECCIÓN 6

Recuerda que, para que el **mapa de sueños** y la visualización funcione, no es suficiente con *ver* eso que deseas, **es necesario que te visualices a ti mismo(a) logrando tus sueños y que seas capaz de SENTIR, con cada uno de los cinco sentidos, que ya lo tienes en tu vida,** tal como lo hiciste en el ejercicio anterior. Es muy importante que también trabajes en tu sensación de merecimiento; de lo contrario, puede que lo que quieres llegue, pero que no permanezca en el tiempo, porque sientes *que no lo mereces.*

Para apoyar el resultado de este ejercicio de visualización, te recomiendo que cada día, de ser posible, le dediques diez minutos para repetirlo y termines siempre dando las gracias, con la certeza de que **eso que quieres YA ES TUYO.**

El siguiente paso para poner a funcionar el **mapa de los sueños** es que te tomes un momento para hacer un plan de acción con los pasos que necesitas dar para alcanzar las metas que tienes visualizadas.

Si bien la **ley de atracción** es un mecanismo muy poderoso, debes poner en práctica tus características como emprendedor(a), tales como: *fijar metas, buscar información, planificar, accionar y dar seguimiento a tus planes*.

Te recomiendo ir poniendo una marca de logrado junto a los sueños que vas alcanzando, para que tu mente asimile que la **ley de la atracción** realmente funciona. De esta manera, te mantendrás en el camino para hacer realidad tus sueños.

Si deseas conocer más sobre esta ley -que normalmente usamos de manera inconsciente-, te invito a buscar y ver el documental **EL SECRETO - LA LEY DE LA ATRACCIÓN DE RHONDA BYRNE** en Youtube. Si ya lo hiciste, no está de más volverlo a ver. Es un poco largo así que, aparta un tiempo en el que puedas dedicarte a verlo y prestarle toda tu atención. Si te apetece invita a tu pareja o algún amig@, prepara unas palomitas de maíz y disfrutar de este interesante documental.

Ya, para despedirme, de corazón, espero que estos ejercicios prácticos que diseñé para ti y que te entregué a lo largo de este libro te hayan ayudado a aclarar el panorama de hacia dónde debes apuntar con tu emprendimiento para que sea una fuente de satisfacción y plenitud, tanto a nivel profesional como personal.

No obstante, el viaje no termina acá. Luego de conocer TUS VALORES TRASCENDENTALES, TU *IKIGAI* Y TU MAPA DE SUEÑOS, es momento de comenzar a definir esa idea de negocio que estará alineada con lo que tu ser quiere expresar y entregar al mundo.

Mi tarea ahora será preparar todo lo necesario para que, una vez hayas completado los ejercicios de este libro, cuentes con una guía práctica y sencilla para validar tu idea de negocio. Por eso, ¡debes estar muy pendiente del lanzamiento de mi próximo libro!, el cual haré con todo el amor del mundo para ayudarte a que estés listo(a) para emprender en eso que te apasiona.

Está de más decirte que me encantó compartir este espacio contigo y espero que volvamos a encontrarnos pronto. Mientras tanto, te invito a seguirme en mis redes sociales: @irululabarca (Instagram, Facebook y YouTube) y a compartir conmigo tus aprendizajes y experiencias con la lectura de este libro. Un abrazo y nos vemos en el camino de la realización personal y profesional.

REFERENCIAS DE LA AUTORA

ACERCA DE LA AUTORA

EL TIEMPO
*Emprecolven, la red
que fomenta
el emprendimiento
colombo-venezolano*

*Frase clave para acceder
al contenido multimedia:*
Regala_autoconocimiento_obsequia_este_libro

REFERENCIAS BIBLIOGRÁFICAS

- Aljoscha A. Schwarz y Ronald P. Schweppe (2001). *Guía fácil de PNL*. Editorial: Robin Book.

- Global Entreprenership Research. *GEM Global Entrepreneurship Monitor*. Disponible en: https://gem.ufm.edu/que-es-gem/. Consultado el 15 de noviembre del 2023.

- Robert T. Kiyosaki (2009). *Cuadrante del Flujo del Dinero*. Editorial: Aguilar.

- UNCTAD. *Guía del empresario*. Disponible en: https://unctad.org/es/system/files/official-document/diaeed20093_sp.pdf. Consultado el 6 de noviembre del 2022.

Made in the USA
Columbia, SC
03 July 2024

38009543R00085